Kauderwelsch
Band 123

© Franz Spengler@Fotolia.com

Alter Straßenkreuzer unter Palme

Impressum

Alfredo L. Hernández
Spanisch für Cuba — Wort für Wort
erschienen im
REISE KNOW-HOW Verlag Peter Rump GmbH
Osnabrücker Str. 79, D-33649 Bielefeld
info@reise-know-how.de

© REISE KNOW-HOW Verlag Peter Rump GmbH
11. Auflage 2016
Konzeption, Gliederung, Layout und Umschlagklappen
wurden speziell für die Reihe „Kauderwelsch" entwickelt
und sind urheberrechtlich geschützt.
Alle Rechte vorbehalten.

Bearbeitung	Josef Overberg, Eva Maria Heidmann
Layout	Svenja Lutterbeck
Layout-Konzept	Günter Pawlak, FaktorZwo! Bielefeld
Umschlag	Peter Rump (@ Titelfoto: Roberto-Lusso@Fotolia.com
Fotos	© Fotografen@Fotolia.com (Nachweis am jeweiligen Foto)
Druck und Bindung	Werbedruck GmbH Horst Schreckhase, Spangenberg

ISBN: 978-3-8317-6446-4
Printed in Germany

Wer im Buchhandel kein Glück hat, bekommt unsere Bücher
zuzüglich Porto- und Verpackungskosten auch direkt über un-
seren Internet-Shop: *www.reise-know-how.de*

Die Internetseiten mit Aussprachebeispielen und der Zugriff
auf diese über QR-Codes sind eine freiwillige, kostenlose
Zusatzleistung des Verlages. Der Verlag behält sich vor, die Be-
reitstellung des Angebotes und die Möglichkeit der Nutzung
zeitlich und inhaltlich zu beschränken. Der Verlag übernimmt
keine Garantie für das Funktionieren der Seiten und keine Haf-
tung für Schäden, die aus dem Gebrauch der Seiten resultie-
ren. Es besteht ferner kein Anspruch auf eine unbefristete Be-
reitstellung der Seiten.

Der Verlag möchte die **Reihe Kauderwelsch** weiter ausbauen
und **sucht Autoren!** Mehr Informationen finden Sie unter
www.reise-know-how.de/verlag/mitarbeit

Kauderwelsch

Alfredo L. Hernández

Spanisch für Cuba

Wort für Wort

Kauderwelsch heißt:

- Schnell mit dem **Sprechen** beginnen, auch wenn nicht immer alles korrekt ist.
- Von der **Grammatik** wird nur das Wichtigste in einfachen Worten erklärt.
- Alle Beispielsätze werden doppelt ins Deutsche übertragen: erst **Wort-für-Wort,** dann in normales Deutsch. Die Wort-für-Wort-Übersetzung hilft, die neue Sprache schneller zu durchschauen, außerdem lassen sich dadurch leichter einzelne Wörter im fremdsprachigen Satz austauschen.
- Es geht um die **Alltagssprache,** also das, was man tatsächlich auf der Straße hört.
- Die **Autoren** sind entweder Reisende, die die Sprache im Land selbst gelernt haben oder Muttersprachler.

Kauderwelsch-Sprachführer sind keine Lehrbücher, aber viel mehr als traditionelle Reisesprachführer. Wer ein wenig Zeit investiert, einige Vokabeln lernt und die Sprache im Land anwendet, wird **Türen öffnen,** ein Lächeln ins Gesicht zaubern und reichere Erfahrungen machen.

Talk to each other!

Kauderwelsch zum Anhören

Einzelne Sätze und Ausdrücke aus diesem Buch können Sie sich **kostenlos anhören.** Diese **Aussprachebeispiele** erreichen Sie über die im Buch abgedruckten QR-Codes oder diese Adresse: www.reise-know-how.de/kauderwelsch/123

Die Aussprachebeispiele im Buch sind Auszüge aus dem umfassenden Tonmaterial, das unter dem Titel **„Kauderwelsch Aussprachetrainer Spanisch für Cuba"** separat erhältlich ist – als Download über Onlinehörbuchshops (ISBN 978-3-95852-127-8) oder als CD im Buchhandel (ISBN 978-3-95852-377-7). Beide Versionen erhalten Sie auch über unsere Internetseite:

■ **www.reise-know-how.de**

Alle Sätze, die Sie auf dem Aussprachetrainer hören können, ind in diesem Buch mit einem 🎧 gekennzeichnet.

Inhalt

Inhalt

© rgbspace@Fotolia.com

Karneval in Havanna

Vorwort

Cuba bzw. Kuba, die Perle der Karibik (la perla del Caribe), ist die größte Insel in der Karibischen See. Seit 1959, als Castro die Führung des Landes übernahm, hatte es so gut wie keinen Tourismus mehr auf Cuba gegeben. Nach dem Fall der Mauer und dem Zusammenbruch des Ostblocks war die Führung Cubas dann aber gezwungen, sich dem Tourismus zu öffnen. Es ist sehr spannend zu sehen, wie der Tourismus langsam das ganze System verändert. Der Tourist wird als wichtiger Devisenbringer hofiert und als Überbringer der westlichen „freien" Werte ein wenig misstrauisch beäugt.

Cuba, wie der überwiegende Teil der lateinamerikanischen Länder (mit wenigen Ausnahmen wie z. B. Brasilien oder Belize), gehört zu den spanischsprachigen Ländern. Spanisch ist die Landessprache. Es gibt jedoch viele landestypische Besonderheiten, auf die ich in diesem Buch eingehen werde.

Durch die relativ späte Entwicklung des Tourismus und die Abschottung gegen die USA kann man nur im Tourismus-Bereich davon ausgehen, dass Englisch gesprochen wird. Für einen Abstecher in das Landesinnere sollte man dies nicht erwarten. Jedoch kann man dort unerwartet auf Cubaner treffen, die hervorragend Deutsch sprechen, da sie in der DDR ausgebildet wurden.

Vorwort

Vor allem in der Aussprache und Intonation variiert das Spanische selbst innerhalb Cubas erheblich. So sind z. B. Menschen aus Havanna und dem Oriente selbst für einen Ausländer an der Aussprache zu unterscheiden. Auch wenn Cuba ein armes Land ist, so ist die Bevölkerung doch sehr hilfsbereit und (noch) nicht zu aufdringlich, was es zu einem idealen Ort zum Erproben der eigenen Spanischkenntnisse macht. Auch über Kriminalität braucht man sich nicht allzu viele Sorgen zu machen: Man kann Cuba als ein ausgesprochen sicheres Land für Touristen bezeichnen.

Mit ein wenig Spanisch werden Sie einen viel besseren Zugang zu den Menschen und der Kultur Cubas bekommen, was gleichzeitig hilft, die Sprachkenntnisse zu erweitern.

Das Buch richtet sich an Anfänger und Leute mit Spanischkenntnissen; es bietet einen einfachen und übersichtlichen Einblick in die Grammatik. Es ist so aufgebaut, dass innerhalb kürzester Zeit Dialoge möglich werden. Ein wichtiger Bestandteil sind die Alltagsfloskeln und Basisvokabeln aus vielen Bereichen. Ergänzt um die touristischen Hinweise und Ratschläge sollte es (sicher angesichts seines geringen Gewichts) im Handgepäck eines jeden Cuba-Besuchers Platz haben.

Viel Spaß und ¡Buen Viaje a Cuba!
Alfredo L. Hernández

Hinweise zur Benutzung

Der Sprechführer „Spanisch für Cuba" ist in drei wichtige Abschnitte gegliedert:

Die **Grammatik** beschränkt sich auf das Wesentliche und ist so einfach gehalten wie möglich. Sie will zunächst mit den wesentlichen Regeln des auf Cuba gesprochenen Spanisch vertraut machen. Viele grammatikalische Erscheinungen, zumal Ausnahmen und sprachliche Feinheiten, müssen bei dieser knappen Darstellung naturgemäß unberücksichtigt bleiben. Aber auch so bietet dieser Abschnitt genügend Stoff, der sicher nicht bei einmaligem Durchgang zu bewältigen, sondern wohl eher Schritt für Schritt unter ständiger Bezugnahme auf den Konversationsteil zu erarbeiten ist.

Im **Konversationsteil** finden Sie Sätze aus dem Alltagsgespräch, die Ihnen einen ersten Eindruck davon vermitteln sollen, wie die spanische Sprache „funktioniert" und die Sie auf das vorbereiten sollen, was Sie später auf Cuba hören werden.

Mit Hilfe der **Wort-für-Wort-Übersetzung** können Sie bald eigene Sätze bilden. Sie können die Beispielsätze als Fundus von Satzschablonen und -mustern benutzen, die Sie selbst Ihren Bedürfnissen anpassen. Mit etwas Kreativität und Mut können Sie sich neue Sätze „zusammenbauen", auch wenn das Ergebnis nicht immer grammatikalisch perfekt ausfällt.

Um die sich vom Deutschen unterscheidende Wortfolge spanischer Sätze besser durchschauen zu können, ist die Wort-für-Wort-Übersetzung in *kursiver* Schrift ergänzt. Jedem spanischen Wort entspricht ein Wort in der Wort-für-Wort-Übersetzung. Wird ein spanisches Wort im Deutschen durch zwei Wörter wiedergegeben, werden diese zwei Wörter in der Wort-für-Wort-Übersetzung mit einem Bindestrich verbunden:

¿Hay un hotel aquí?
(es-)gibt ein Hotel hier
Gibt es hier ein Hotel?

Werden in einem Satz mehrere Wörter genannt, die man untereinander austauschen kann, steht ein Schrägstrich zwischen diesen:

Soy alemán / suizo / austríaco.
(ich-)bin Deutscher / Schweizer / Österreicher
Ich bin Deutscher / Schweizer / Österreicher.

Seitenzahlen
Um Ihnen den Umgang mit den Zahlen zu erleichtern, wird auf jeder Seite die Seitenzahl auch in Spanisch angegeben!

In Sätzen mit dem Tätigkeitswort „sein" macht es einen Unterschied, ob eine Frau oder ein Mann den betreffenden Satz spricht, ob eine Frau oder ein Mann angesprochen wird, oder ob man über eine Frau oder einen Mann spricht. Im spanischen Satz und in der Wort-für-Wort-Übersetzung werden beide Formen wie folgt angegeben:

Estoy cansado / cansada.
(ich-)bin müde(m/w)
Ich bin müde.

Die **Wortlisten** am Ende des Buches helfen Ihnen dabei. Sie enthalten einen Grundwortschatz von je ca. 1000 Wörtern Deutsch–Spanisch und Spanisch–Deutsch, mit denen man einen Großteil der Gesprächssituationen meistern kann.

Die **Umschlagklappe** hilft, die wichtigsten Sätze und Formulierungen stets parat zu haben. Hier finden sich außerdem die wichtigsten Angaben zur Aussprache und die Abkürzungen, die in der Wort-für-Wort-Übersetzung und in den Wortlisten verwendet werden; weiterhin eine kleine Liste der wichtigsten Fragewörter, Richtungs- und Zeitangaben.

Aufgeklappt ist der Umschlag eine wesentliche Erleichterung, da nun die gewünschte Satzkonstruktion mit dem entsprechenden Vokabular aus den einzelnen Kapiteln kombiniert werden kann.

Wenn alles nicht mehr weiterhilft, dann ist vielleicht das Kapitel „Nichts verstanden? – Weiterlernen!" der richtige Tipp. Es befindet sich ebenfalls im Umschlag, stets bereit, mit der richtigen Formulierung für z. B. „Ich verstehe leider nicht." oder „Können Sie das bitte wiederholen?" auszuhelfen.

Hier spricht ein Mann die Variante vor dem Schrägstrich, eine Frau jedoch die Form nach dem Schrägstrich.

Cubanismen

Die in diesem Kapitel vorgestellten Ausdrücke umfassen zwei Bereiche:

Meist werden die spanischen Bezeichnungen aber ebenfalls verstanden.

Vieles wird auf Cuba anders bezeichnet als in Spanien. So heißt z. B. „Bus" in Spanien autobús, auf Cuba jedoch guagua.

Spezifisch cubanische Ausdrücke für Gegenstände, Personen oder Zustände, die nur Cuba betreffen, z. B. rumbero.

rumbero = ein sehr rhythmischer Musiker bzw. Tänzer

vom Spanisch Spaniens abweichende Vokabeln		
	Cuba	**Spanien**
Abendessen	comida	cena
Bett	lecho	cama
Bus	guagua	autobús
Erbse	chícharo	guisante
Essen	jama	comida
Fahrkarte	boleto	billete
Fahrstuhl	elevador	ascensor
Feuer	candela	fuego
Freund	consorte	amigo
Hose	faldo, pantalón	pantalón
Hure	ginetera	prostituta
Kleiderschrank	escaparate	guardarropa
Salsa-Musik	son cubano	salsa
Schaufenster	vidriera	escaparate
Schlafzimmer	cuarto	dormitorio
Socken	medias	calcetines
Stadtviertel	reparto, barrio	barrio
Zuflucht	guarida	refugio

speziell cubanische Begriffe

bemba	Lippe	**cabezón**	Besserwisser
chivato	Denunziant	**chulo**	Zuhälter
descarado	frech	**gallina**	Feigling
güevón	Faulenzer	**tipejo**	asozial
tacos	Schuhe *(Umgangssprache)*		
tetera, **colador**	primitiver Dauerfilteraufsatz aus Stoff *(für Kaffee, Tee)*		
verdes	Bezeichnung für den Dollar		

Wortspiele

Häufig wird man auf Cuba sogenannte juegos de palabras (Wortspiele) zu hören bekommen und sie wahrscheinlich zum größten Teil nicht verstehen. Vor allem die cubanischen Männer lieben es, eigentlich harmlose Begriffe wie meter (hineinstecken) oder sacar (herausziehen) für mehr oder weniger kunstvolle zweideutige Anspielungen zu benutzen, die nicht böse gemeint sind, auch wenn man (etwa aufgrund irgendeiner unglücklichen Ausdrucksweise) selber gerade das Objekt der Heiterkeit ist.

Eine andere Art von Wortspielen entsteht, wenn bestimmte Wörter als Synonyme für ähnlich klingende, aber bedeutungsmäßig völlig verschiedene Begriffe verwendet werden, „zum Bleistift" algodones (Baumwolle) anstelle von algo (etwas).

Aussprache & Betonung

Die Selbstlaute (a, e, i, o, u) werden wie im Deutschen ausgesprochen. Zwischen langen und kurzen Selbstlauten wird nicht unterschieden. Aufeinanderfolgende Selbstlaute werden getrennt gesprochen. Die beliebtesten „Fallen" sind:

Selbstlaute

ie	„i" und „e" werden getrennt gesprochen, nicht wie langes „i", sondern wie in „R**ije**ka" **quiero** (ich will)
ei	„e" und „i" werden getrennt gesprochen, nicht wie in „L**ei**ter", sondern wie in „b**ei**nhalten" (jedoch ohne den Stimmritzenverschluss zwischen e und i!) **aceite** (Öl)
eu	„e" und „u" werden getrennt gesprochen, nicht wie in „H**eu**", sondern wie in „b**eu**nruhigt" (jedoch ohne den Stimmritzenverschluss zwischen e und u!) **Europa** (Europa)

Mitlaute

Besondere Schwierigkeiten bereitet die Aussprache des Spanischen nicht. Den einzelnen Buchstaben(verbindungen) entsprechen in den meisten Fällen im Deutschen die gleichen Laute. Als zusätzlichen Buchstaben im spanischen Alphabet hat man lediglich das ñ zu lernen.

Die größte Hürde für Deutschsprachige ist sicherlich das „gerollte" Zungenspitzen-r, das es zudem auch noch in zwei Versionen gibt. Doch keine Angst, auch mit einem deutschen „r" wird man verstanden.

Dagegen bedeutet der in ganz Lateinamerika übliche „seseo" sicherlich eine Erleichterung für den Lernenden: c (vor e und i) sowie z werden wie das deutsche „ß" ausgesprochen und nicht wie das englische „th", wie es in Spanien üblich ist.

Bei folgenden Lauten weicht die Aussprache vom Deutschen ab:

b, **v**	Laut zwischen deutschem „b" und „w", am Wortanfang fast wie „b" **boca** (Mund); **vaca** (Kuh)
c	vor e und i wie „ss" in „mu**ss**", vor a, o, u und Mitlauten wie „k" **cerveza** (Bier); **casa** (Haus); wie „kß" in **accidente** (Unfall)
ch	wie „tsch" in „Ma**tsch**" **mucho** (viel)
g	vor e und i wie „ch" in „Bach"; vor a, o, u und Mitlaut wie deutsches „g" **gente** (Leute); **gato** (Katze)
gue, **gui**	wie „ge" bzw. „gi", das u wird nicht gesprochen und zeigt nur an, dass das g nicht wie „ch" klingt **guitarra** (Gitarre)

güe **güi**	wie "gue" bzw "gui": soll das u vor e und i im Ggs. zur Regel oben hörbar sein, steht statt u ein ü (selten); **ungüento** (Salbe)
gua	wie „gua" (vor a ist das u immer hörbar!) **agua** (Wasser)
h	wird nicht gesprochen **hora** (Stunde)
j	wie „ch" in „Bach" **viejo** (alt)
ll	wie „j" in „**J**unge" **calle** (Straße)
ñ	wie „nj" in „A**nj**a" **baño** (Toilette)
qu	wie „k" (nie „kw"!), tritt nur vor e und i auf, das u bleibt „stumm" **queso** (Käse)
r	Zungenspitzen-r mit nur einem „Schlag", am Wortanfang stark gerollt; **pero** (aber); **río** (Fluss)
rr	wird stark gerollt **perro** (Hund)
s	stimmloses „ss / ß" wie in „mu**ss**" **sol** (Sonne)
x	Das x wird normalerweise wie das deutsche „x" (also „kß") ausgesprochen. **taxi** *„takßi"* (Taxi)
y	vor Vokalen wie „j" in „**J**unge"; alleinstehend oder am Wortende wie „i" **ayer** (gestern); **hoy** (heute); **y** (und)
z	stimmloses „ss / ß" wie in „mu**ss**" **azúl** (blau)

Im cubanischen Spanisch werden r und l manchmal miteinander verwechselt (aber nie am Wortanfang): arma „Waffe" und alma „Seele" können also durchaus mal das jeweils andere Wort bedeuten!

Betonung

Wörter, die auf einen Selbstlaut, auf n oder s enden, werden in der Regel auf der vorletzten Silbe betont, alle übrigen auf der letzten Silbe.

Hierbei ist zu beachten, dass Selbstlaut-Kombinationen, die mit i oder u beginnen, als einsilbig gelten: patio (Hof) wird demnach auf dem a betont. Alle anderen Selbstlaut-Verbindungen jedoch gelten als zweisilbig: paseo (Spaziergang) wird also auf dem e betont. Abweichungen von diesen Regeln werden durch einen Akzent auf der zu betonenden Silbe angezeigt, z. B.: avión (Flugzeug).

Manchmal ist die Betonung entscheidend für die Bedeutung eines Wortes:

esta	diese	está	er / sie ist
papa	Papst; Kartoffel	papá	Papa
compro	ich kaufe	compró	er / sie kaufte

Akzente dienen darüber hinaus bei einigen einsilbigen Wörtern, die bei gleicher Aussprache unterschiedliche Bedeutungen haben, als Unterscheidungsmerkmal.

el	der	él	er
tu	dein	tú	du
mi	mein	mí	mich
de	von	dé!	geben Sie!
si	wenn	sí	ja

Cubanische Besonderheiten in der Aussprache

Wie in jedem anderen Land, gibt es natürlich auch auf Cuba unterschiedliche Dialekte. Hinzu kommt, dass viele Cubaner es mit der Aussprache nicht allzu genau nehmen und die Wörter gerne verkürzen: ¡Voy pa' llá! statt ¡Voy para allá! (Ich gehe dorthin).

Wörter, die weiterhelfen

Mit folgenden Wörten und Sätzen, für die Sie keine Grammatikkenntnisse benötigen, ist eine erste Verständigung möglich:

Estoy buscando ...	Ich suche ...

Estoy buscando un restaurante.
(ich-)bin suchend ein Restaurant
Ich suche ein Restaurant.

Estoy buscando el centro de la ciudad.
(ich-)bin suchend der Zentrum von die Stadt
Ich suche das Stadtzentrum.

In diesen Fragesatz (und auch in die folgenden Fragen) kann man alle sinnvollen Wörter aus der Wortliste unverändert einsetzen, z. B.:

un médico	ein Arzt	**el hospital**	das Krankenhaus
la embajada	die Botschaft	**la policía**	die Polizei
la guagua	der Bus	**una tienda**	ein Geschäft
el aeropuerto	der Flughafen	**un taxi**	ein Taxi
el consulado	das Konsulat	**un teléfono**	ein Telefon

¿Hay ...?	Gibt es ...?

¿Hay café?
(es-)gibt Kaffee
Gibt es Kaffee?

¿Hay un hotel aquí?
(es-)gibt ein Hotel hier
Gibt es hier ein Hotel?

Sí, hay.
ja (es-)gibt
Ja, gibt es.

No, no hay.
nein nicht (es-)gibt
Nein, gibt es nicht.

¿Dónde hay ...?   **Wo gibt es ...?**

¿Dónde hay una farmacia?
wo (es-)gibt eine Apotheke
Wo gibt es eine Apotheke?

¿Dónde hay un banco?
wo (es-)gibt ein Bank
Wo gibt es eine Bank?

¿Dónde está ...?   **Wo ist ...?**

Fragt man nach etwas Bestimmtem, verwendet man nicht hay (es gibt), sondern está (ist, befindet sich).

¿Dónde está el Hotel Plaza?
wo (er-)ist der Hotel Plaza
Wo ist das Hotel Plaza?

¿Dónde está el correo?
wo (er-)ist der Post
Wo ist die Post?

¿Dónde está la parada de guagua?
wo (sie-)ist die Haltestelle von Bus
Wo ist die Bushaltestelle?

*Ungewöhnlich für den deutschen Leser ist, dass Frage- und Ausrufesätze nicht nur mit den entsprechenden Satzzeichen (? und !) abgeschlossen, sondern auch mit ihnen – und dann auf dem Kopf stehend – eingeleitet werden (¿ und ¡).
Sie werden dort gesetzt, wo jeweils die Frage oder der Ausruf beginnt, u. U. also auch mitten im Satz.*

a la derecha	rechts	**a la izquierda**	links
acá, aquí	hier	**por acá**	hierher
allá, allí	dort	**por allá**	dorthin
cerca	nah	**lejos**	weit
derecho, recto	geradeaus	**hacia atrás**	zurück
cruce (m)	Kreuzung	**semáforo**	Ampel

Man sollte sich von vornherein darauf einstellen, mehrmals verschiedene Personen fragen zu müssen. Die Antworten sind zwar meistens gut gemeint, nicht selten aber sehr unpräzise. Typisch etwa ist die Auskunft *más allá*, was etwa mit „immer weiter" zu übersetzen ist.

¿Tiene Usted ...?   **¿Haben Sie ...?**

¿Tiene Usted una habitación libre?
(er-/sie-)hat Sie eine Zimmer frei
Haben Sie ein freies Zimmer?

¿Tiene Usted un mapa de La Habana?
(er-/sie-)hat Sie ein Plan von die Havanna
Haben Sie einen Stadtplan von Havanna?

Diese Wendung ist dann angemessen, wenn man gezielt nach etwas fragen will. Die Antworten können z. B. lauten:

Sí, lo tenemos.   **No, no lo tengo.**
ja es (wir-)haben   *nein nicht es (ich-)habe*
Ja, haben wir.   Nein, habe ich nicht.

| Quiero ... | Ich will ... |
| Quisiera ... | Ich hätte gern ... |

Um einen Wunsch auszudrücken, kann man sich mit quiero (ich will) behelfen, höflicher ist allerdings quisiera (ich würde wollen), das wie das deutsche „ich hätte gern / ich möchte" verwendet wird.

Quiero una cerveza.
(ich-)will eine Bier
Ich will ein Bier.

Quisiera otra habitación.
(ich-)würde-wollen andere Zimmer
Ich hätte gern ein anderes Zimmer.

| ¿Cuánto cuesta ...? | Wie viel kostet ...? |

¿Cuánto cuesta un boleto?
wieviel (er-)kostet ein Fahrkarte
Wie viel kostet eine Fahrkarte?

¿Cuánto cuesta la entrada?
wieviel (sie-)kostet die Eingang
Wie viel kostet der Eintritt?

¿Cuánto cuesta esto?
wieviel (es-)kostet dieses
Wie viel kostet das da?

Hauptwörter

Anders als im Deutschen werden die Hauptwörter nicht gebeugt. Man muss sich also lediglich das grammatische Geschlecht merken und die Mehrzahlbildung beachten. Es gibt im Spanischen nur männliche (gekennzeichnet im Zweifelsfall mit „*m*") und weibliche („*w*") Hauptwörter.

Männliche Hauptwörter enden meistens auf -o, -r, -l oder -n, z. B.:

trabajo	Arbeit	**postal**	Postkarte
comedor	Esszimmer	**avión**	Flugzeug

Weibliche Hauptwörter enden in der Regel auf -a, -d, -ión oder -z:

casa	Haus	**canción**	Lied
ciudad	Stadt	**paz**	Frieden

Bei Personen wird die weibliche Form des Hauptwortes häufig durch Hinzufügen eines -a gebildet:

el señor	Herr
la señora	Frau / Dame
el español	Spanier
la española	Spanierin

In anderen Fällen wird die männliche Endung -o durch ein -a ersetzt:

el niño	Junge	**la niña**	Mädchen
el tío	Onkel	**la tía**	Tante

Für einige männliche und weibliche Entsprechungen gibt es eigene Grundwörter:

el hombre	Mann	**la mujer**	Frau
el padre	Vater	**la madre**	Mutter

Eine ganze Reihe von Bezeichnungen, vor allem für Berufe, kennt für beide Geschlechter die gleiche Form:

el / la turista	Tourist / Touristin
el / la dentista	Zahnarzt / Zahnärztin
el / la periodista	Journalist / Journalistin

Die Namen von Meeren, Flüssen und Bergen sind in der Regel männlich:

el Caribe	Karibik
el Pico Cuba	der Pico Cuba

Ausnahmen von diesen Regeln werden gekennzeichnet; z. B.:

Weil im Spanischen das grammatische Geschlecht nicht immer dem Deutschen entspricht, sollte der Artikel gleich mitgelernt werden:

el día (m)	Tag	**la mano** (w)	Hand
el mapa (m)	Landkarte	**la flor** (w)	Blume
el problema (m)	Problem	**la moto** (w)	Mofa
el pez (m)	Fisch	**la foto** (w)	Foto

Artikel

Es gibt im Spanischen einen bestimmten und einen unbestimmten Artikel. Anders als im Deutschen hat der unbestimmte Artikel auch eine eigene Form für die Mehrzahl, die man mit „einige" übersetzen kann.

bestimmter Artikel			
männlich		*weiblich*	
el	der	**la**	die
los	die	**las**	die

Einzahl / *Mehrzahl* (links zu Tabelle)

unbestimmter Artikel			
männlich		*weiblich*	
un	ein	**una**	eine
unos	einige	**unas**	einige

Einzahl / *Mehrzahl* (links zu Tabelle)

el / un árbol	der / ein Baum
los / unos árboles	die / einige Bäume

Bei weiblichen Hauptwörtern, die mit einem betonten a- oder ha- beginnen, wird der männliche Artikel el verwendet, um das Aufeinanderstoßen zweier a zu vermeiden. Dazu gehören z. B.:

el águila (w)	Adler
el agua (w)	Wasser
el alma (w)	Seele

Eigenschaftswörter, die sich auf diese Hauptwörter beziehen, werden also weiblich gebeugt.

Im sprachlichen Gebrauch bleiben diese Hauptwörter jedoch weiblich.

Mehrzahl

Die Grundregel lautet: Hauptwörter, die in der Einzahl (abgekürzt „*Ez*") auf einen Selbstlaut enden, bilden die Mehrzahl (abgekürzt „*Mz*") mit einem angehängten -s; Hauptwörter, die auf einen Mitlaut enden, hängen für die Mehrzahl -es an.

casa	Haus	casas	Häuser
corazón	Herz	corazones	Herzen

Auch hier gibt es einige Ausnahmen:

So bleiben Wörter, die in der Einzahl auf -s enden und auf der vorletzten Silbe betont werden, in der Mehrzahl unverändert. Dazu gehören einige Wochentage, z. B. lunes (Montag), martes (Dienstag) oder Begriffe aus dem Griechischen, wie z. B. la crisis (die Krise).

Bei Wörtern, die auf -z enden, ändert sich der Endbuchstabe in der Mehrzahl in ein -c:

la luz	Licht	las luces	Lichter

Verkleinerungs- / Vergrößerungsform

Auf Cuba wird, wie auch in anderen lateinamerikanischen Ländern, gerne die Verkleinerungsform sowie die Vergrößerungsform verwendet. Mit ihnen werden nicht nur quantitative Abstufungen angezeigt, sie dienen vor allem dazu, sich betont herzlich auszu-

drücken. Die häufigsten Endungen sind -ito (m) bzw. -ita (w) zur Verkleinerung, und -ote (m) bzw. -ota (w) zur Vergrößerung.

un beso	Kuss	**una casa**	Haus
un besito	Küsschen	**una casita**	Häuschen
un besote	dicker Kuss	**una casota**	großes Haus

Die Verkleinerungs- und Vergrößerungs- form kann nicht nur bei Hauptwörtern, sondern auch bei Eigenschafts- und Umstandswörtern angewendet werden.

Aus chico (klein) wird z. B. chiquito oder gar chiquitito (winzig), grande (groß) kann sowohl zu grandote als auch zu grandecito werden, chaíto heißt „tschüsschen", tantito (sovielchen) heißt „ein bisschen" und nadita (nichts-chen) „kein bisschen".

© rgbspace@Forolia.com

Zigarrenlady

Dieses & Jenes

Im Gegensatz zum Deutschen, das nur zwei hinweisende Fürwörter („dieses" und „jenes") aufweist, besitzt das Spanische drei. Ihr Gebrauch richtet sich nach der Entfernung vom Sprecher.

Este („dieses hier") weist auf eine Sache oder Person hin, die sich nahe beim Sprechenden befindet. Mit ese („dieses da") bezeichnet man ein Objekt, das etwas weiter entfernt ist oder sich beim Angesprochenen befindet. Häufig wird es auch in abschätziger Bedeutung gebraucht. Aquel („jenes") schließlich verweist auf etwas, das örtlich oder auch zeitlich entfernter liegt.

	männlich	weiblich	unpersönlich
Ez	este	esta	esto
Mz	estos	estas	–
Ez	ese	esa	eso
Mz	esos	esas	–
Ez	aquel	aquella	aquello
Mz	aquellos	aquellas	–

Die hinweisenden Fürwörter stehen vor dem Hauptwort, auf das sie sich beziehen, und richten sich in Zahl und Geschlecht nach diesem.

Eigenschaftswörter

Eigenschaftswörter stehen meistens nach dem Hauptwort, auf das sie sich beziehen, und richten sich in Zahl und Geschlecht nach diesem. Die männliche Form des Eigenschaftswortes endet in der Regel auf -o, die weibliche Form auf -a:

| el libro nuevo | das neue Buch |
| la casa nueva | das neue Haus |

Bei einigen Eigenschaftswörtern, vor allem bei jenen, die auf -e oder -l enden, stimmen männliche und weibliche Form überein, z. B.:

un caso difícil	ein schwieriger Fall
una cosa difícil	eine schwierige Sache
un hombre elegante	ein eleganter Mann
una mujer elegante	eine elegante Frau

Die Mehrzahl wird bei den Eigenschaftswörtern in gleicher Weise wie bei den Hauptwörtern gebildet: Endet das Eigenschaftswort auf einen Selbstlaut, wird -s angehängt, endet es jedoch auf einen Mitlaut, wird -es angehängt.

Die Eigenschaftswörter bueno (gut), malo (schlecht) und grande (groß) stehen meistens vor dem Hauptwort.

nuevo	neu *(m)*	nuevos	neue *(m Mz)*
nueva	neu *(w)*	nuevas	neue *(w Mz)*
difícil	schwierig	difíciles	schwierige *(Mz)*
feliz	glücklich	felices	glückliche *(Mz)*

Vor einem männlichen Hauptwort werden bueno und malo verkürzt, d. h. die Endung -o entfällt. Grande wird sowohl vor einem männlichen als auch vor einem weiblichen Hauptwort zu gran verkürzt.

Auch die Ordnungszahlen primero und tercero werden so verkürzt.

un buen amigo	ein guter Freund
el primer día	der erste Tag
un mal día	ein schlechter Tag
una gran cocinera	eine große / tolle Köchin

Die Eigenschaftswörter mucho (viel), poco (wenig) und otro (ein anderer) stehen immer vor dem Hauptwort.

mucho tiempo	viel Zeit
poco dinero	wenig Geld
otra amiga	eine andere Freundin

Vor otro steht übrigens nie der unbestimmte Artikel.

wichtige Eigenschaftswörter

bueno	gut	**malo**	schlecht
grande	groß	**chico**	klein
largo	lang	**corto**	kurz
bajo	niedrig	**alto**	hoch
mucho	viel	**poco**	wenig
rápido	schnell	**lento**	langsam
claro	hell	**oscuro**	dunkel
frío	kalt	**caliente**	heiß
limpio	sauber	**sucio**	schmutzig
suave	weich	**duro**	hart
viejo	alt	**nuevo**	neu
		joven	jung

feliz	glücklich	**triste**	traurig
bonito, lindo	hübsch	**feo**	hässlich
trabajador	fleißig	**flojo**	faul
pobre	arm	**rico**	reich
inteligente	klug	**tonto**	dumm
barato	billig	**caro**	teuer
fácil	einfach	**difícil**	schwierig
liviano	leicht	**pesado**	schwer
mojado	nass	**seco**	trocken
correcto	richtig	**falso**	falsch
lleno	voll	**vacío**	leer

Farben

blanco	weiß	**azul**	blau
amarillo	gelb	**verde**	grün
naranja	orange	**marrón**	braun
rojo	rot	**negro**	schwarz
lila	lila	**gris**	grau

Steigern & Vergleichen

Bei der Steigerung wird das Eigenschaftswort nicht wie im Deutschen gebeugt, man verwendet vielmehr das Wort más (mehr), das beim Komparativ (1. Steigerungsstufe) vor das Eigenschaftswort gestellt wird. Der Superlativ (2. Steigerungsstufe) wird gebildet, indem dem Komparativausdruck zusätzlich der bestimmte Artikel vorangestellt wird. Dabei richtet sich das Eigenschaftswort und der Artikel in Zahl und Geschlecht nach dem dazugehörigen Hauptwort.

steigern

bonito	**más bonito**	**el más bonito**
schön	*mehr schön*	*der mehr schön*
schön	schöner	der schönste

bonita	**más bonita**	**la más bonita**
schöne	*mehr schöne*	*die mehr schöne*
schöne	schönere	die schönste

Einige häufig verwendete Eigenschaftswörter haben unregelmäßige Steigerungsformen:

mucho	viel	**más**	mehr	
poco	wenig	**menos**	weniger	
bueno	gut	**mejor**	besser	
malo	schlecht	**peor**	schlechter	
grande	groß	**mayor**	größer	*auch:* más grande
chico	klein	**menor**	kleiner	*auch:* más chico

Sehr verbreitet ist auch die Verstärkung eines Eigenschaftswortes durch Anhängen der Endungen -ísimo *(m)* bzw. -ísima *(w)*.

Carlos es altísimo.
Carlos (er-)ist größt
Carlos ist riesengroß.

Achtung: Bei Personen bedeutet mayor „älter" und menor „jünger", während die Körpergröße mit alto (hoch) und bajo (niedrig) ausgedrückt wird.

Esta cesta es baratísima.
diese Korb (sie-)ist billigste
Dieser Korb ist spottbillig.

Des Weiteren besteht die Möglichkeit, mit Hilfe des Umstandswortes muy (sehr) eine Steigerung auszudrücken. Es steht grundsätzlich vor dem Eigenschaftswort.

¡Muy bien hecho!　　**una mujer muy bonita**
sehr gut gemacht　　*eine Frau sehr hübsche*
Sehr gut gemacht!　　eine sehr hübsche Frau

vergleichen

In einem Vergleichssatz wird ein Unterschied mit más / menos ... que (mehr / weniger ... als) – bzw. mit den unregelmäßigen Formen – und eine Gleichheit mit tan ... como (so ... wie) ausgedrückt.

Este carro es tan caro como ese.
dieser Auto (er-)ist so teuer wie der-da
Dieses Auto ist genauso teuer wie das da.

Alejandro es más alto que Lorenzo.
Alejandro (er-)ist mehr hoch als Lorenzo
Alejandro ist größer als Lorenzo.

En Cuba el tiempo es mejor que en Alemania.
in Cuba der Wetter (er-)ist besser als in Deutschland
Auf Cuba ist das Wetter besser als in
　Deutschland.

Umstandswörter

Mit Umstandswörtern (Adverbien, ab-gekürzt *Umst.*) kann man Tätigkeitswörter (Verben), Eigenschaftswörter sowie andere Umstandswörter näher bestimmen. Man un-terscheidet selbständige Umstandswörter, z. B. die der Zeit („heute", „immer", „nie" usw.), Umstandswörter des Grades („sehr", „mehr") und Umstandswörter, die von Eigenschafts-wörtern abgeleitet werden. Es ist allerdings sehr verbreitet, wenn auch nicht ganz korrekt, anstelle der Umstandswörter die Eigen-schaftswörter selbst zu benutzen.

lento / lenta	langsam *(m/w)*
lentamente	langsam *(Umst.)*
rápido / rápida	schnell *(m/w)*
rápidamente	schnell *(Umst.)*

Um aus Eigenschafts-wörtern Umstands-wörter zu bilden, hängt man an die weibliche Form des Adjektivs die Endung -mente.

Lentamente María sube la escalera.
langsam(Umst.) Maria (sie-)hinaufgeht die Leiter
Maria steigt langsam die Leiter hoch.

un caso eminentemente difícil
ein Fall außerordentlich(Umst.) schwierig
ein außerordentlich schwieriger Fall

Einige Eigenschafts-wörter bilden unregelmäßige Umstandswörter:

bueno	gut *(Eig.)*	**bien**	gut *(Umst.)*
malo	schlecht *(Eig.)*	**mal**	schlecht *(Umst.)*

Persönliche Fürwörter

Des Weiteren gibt es bei der höflichen Anrede verschiedene Formen, je nachdem, ob eine oder mehrere Personen angeredet werden.

Im Gegensatz zum Deutschen unterscheidet man eine männliche und eine weibliche Form für „wir" und „sie" *(Mz)*, wobei für gemischte Gruppen jeweils die männliche Form benutzt wird.

yo	ich
tú	du
él / ella	er / sie
Usted	Sie *(höfliche Anrede Ez)*
nosotros / nosotras	wir *(m/w)*
ustedes	ihr
ellos / ellas	sie *(m/w Mz)*
Ustedes	Sie *(höfliche Anrede Mz)*

Generell werden die persönlichen Fürwörter in der gesprochenen Sprache nur zur Betonung der Person hinzugesetzt (auf Cuba aber häufiger als in Spanien), da die handelnde Person meistens aus der Endung des Tätigkeitswortes hervorgeht.

Ein markanter Unterschied zu dem in Spanien gesprochenen Spanisch besteht in der Ersetzung des persönlichen Fürwortes für die 2. Person Mehrzahl vosotros durch ustedes, die Form für die höfliche Anrede. Entsprechend wird auch die Verbform der 3. Person Mehrzahl übernommen.

In der Schriftsprache werden die Höflichkeitsformen häufig abgekürzt: für Usted verwendet man Ud., für Ustedes schreibt man Uds.

Él sabe qué hacer, yo no.
er (er-)weiß was machen ich nicht
Er weiß, was zu tun ist, ich (dagegen) nicht.

Wem? oder Wen?

Die Beugungsformen der persönlichen Fürwörter, die auf die Fragen „wem?" oder „wen?" antworten, lauten wie folgt:

	Frage: „wem?"			Frage: „wen?"	
	unbetont		*betont*	*unbetont*	
ich	mir	**me**	**a mí**	mich	**me**
du	dir	**te**	**a ti**	dich	**te**
er	ihm	**le**	**a él**	ihn	**lo**
sie	ihr	**le**	**a ella**	sie	**la**
Sie	Ihnen *(Ez)*	**le**	**a Usted**	Sie *(m/w)*	**lo / la**
wir	uns	**nos**	**a nosotros/-as**	uns	**nos**
ihr	euch	**les**	**a ustedes**	euch *(m/w)*	**los / las**
sie	ihnen *(m/w)*	**les**	**a ellos/-as**	sie *(m/w)*	**los / las**
Sie	Ihnen *(Mz)*	**les**	**a Ustedes**	Sie *(m/w)*	**los / las**

Carlos me escribe.
Carlos mir (er-)schreibt.
Carlos schreibt mir.

Te quiero.
dich (ich-)will
Ich liebe dich.

Die gebeugten unbetonten persönlichen Fürwörter stehen immer vor dem Verb, mit dem sie verbunden sind.

Die betonte Form wird zusätzlich zur unbetonten verwendet, um das persönliche Fürwort hervorzuheben, und zwar im Wem- und im Wen-Fall. Sie steht immer nach dem Verb.

Carlos me escribió a mí.
Carlos mir (er-)schrieb zu mir
Carlos hat <u>mir</u> geschrieben. (… und nicht <u>dir</u>!)

Besitzanzeigende Fürwörter

Die unbetonten besitzanzeigenden Fürwörter (Possessivpronomen) stehen immer vor dem Hauptwort, auf das sie sich beziehen. Männliche und weibliche Formen treten nur in der 1. Person Mehrzahl („unser") auf. Dann richtet sich das besitzanzeigende Fürwort im Geschlecht nach dem Hauptwort, das den Besitz bezeichnet. Steht der Besitz in der Mehrzahl, wird wie bei den Hauptwörtern ein -s an das besitzanzeigende Fürwort gehängt.

mein Buch	**mi libro**
meine Bücher	**mis libros**
ihr Freund	**su amigo**
ihre Freunde	**sus amigos**
unser Auto	**nuestro carro**
unsere Autos	**nuestros carros**
unser Haus	**nuestra casa**
unsere Häuser	**nuestras casas**

		Besitz Einzahl		*Besitz Mehrzahl*
ich	mein	**mi**	meine	**mis**
du	dein	**tu**	deine	**tus**
er	sein	**su**	seine	**sus**
sie	ihr	**su**	ihre	**sus**
Sie	Ihr	**su**	Ihre	**sus**
wir	unser	**nuestro/-a**	unsere	**nuestros/-as**
ihr	euer	**su**	eure	**sus**
sie	ihr	**su**	ihre	**sus**
Sie	Ihr	**su**	Ihre	**sus**

Neben diesen besitzanzeigenden Fürwörtern, die nur zusammen mit einem dazugehörigen Hauptwort stehen, gibt es die sogenannten „betonten" besitzanzeigenden Fürwörter.

Sie stehen z. B. als Ergänzung der Satzaussage (Prädikat) in Sätzen mit dem Verb „sein" und richten sich dabei in Zahl und Geschlecht nach dem Satzgegenstand (Subjekt). Die Endungen sind mit denen der Eigenschaftswörter identisch.

mein	**mío**	unser	**nuestro**
dein	**tuyo**	euer	**suyo**
sein; ihr	**suyo**	ihr *(m/w)*	**suyo**
Ihr *(Ez)*	**suyo**	Ihr *(Mz)*	**suyo**

¿De quién son estas cosas?
von wer (sie-)sind diese Sachen
Wem gehören diese Sachen?

Son suyas.
(sie-)sind seine/ihre
Sie gehören ihm / ihr / ihnen.

Este carro es mío.
dieser Auto (er-)ist meiner
Dieses Auto gehört mir.

Tätigkeitswörter

Die spanischen Tätigkeitswörter sind aus einem Stamm und einer Endung zusammengesetzt. In der Grundform gibt es die folgenden drei Endungsklassen:

Grundform		
-ar	**hablar**	sprechen
-er	**comer**	essen
-ir	**vivir**	leben, wohnen

Gegenwart

Bei der Beugung ersetzt man die Endung der Grundform (-ar, -er, -ir) durch die Endung für die handelnde Person („ich, du" usw.). Der Stamm bleibt unverändert. Je nach Grundform-Endung werden die Verben unterschiedlich gebeugt, wobei die Unterschiede nicht allzu groß sind.

Die Bindestriche in der folgenden Tabelle sollen nur die Beugungsendung hervorheben.

	habl-ar sprechen	**com-er** essen	**viv-ir** leben
ich	**habl-o**	**com-o**	**viv-o**
du	**habl-as**	**com-es**	**viv-es**
er, sie, Sie	**habl-a**	**com-e**	**viv-e**
wir	**habl-amos**	**com-emos**	**viv-imos**
ihr	**habl-an**	**com-en**	**viv-en**
sie, Sie	**habl-an**	**com-en**	**viv-en**

Der wohl wichtigste grammatikalische Unterschied zu dem in Spanien gesprochenen Spanisch wird sofort deutlich: Es fehlt eine eigene Verbform für die 2. Person Mehrzahl („ihr"). Stattdessen verwendet man auf Cuba die für die Höflichkeitsform gültige Endung, die der 3. Person Mehrzahl („sie") entspricht.

¿Ustedes hablan español?
Sie (sie-)sprechen Spanisch
Sprecht ihr / Sprechen Sie Spanisch?

Die persönlichen Fürwörter („ich, du ...") werden in der Regel weggelassen, es sei denn, sie sollen betont werden. In der Wort-für-Wort-Übersetzung ist das persönliche Fürwort in Klammern ergänzt.

Vivimos en Cienfuegos.   **Yo pago hoy.**
(wir-)leben in Cienfuegos   *ich (ich-)zahle heute*
Wir leben in Cienfuegos.   Ich bezahle heute!

Liste wichtiger Verben

anfangen	**comenzar***	kommen	**llegar**
antworten	**contestar**	kosten	**costar***
arbeiten	**trabajar**	küssen	**besar**
baden	**bañarse**	lächeln	**sonreír***
besitzen, haben	**tener***	laufen, rennen	**correr**
besuchen	**visitar**	leben	**vivir**
bezahlen	**pagar, cancelar**	legen / stellen	**poner***

bitten	**pedir***	lernen	**aprender**
bleiben	**quedarse**	lesen	**leer**
brauchen	**necesitar**	lieben	**querer*, amar**
bringen	**traer***	machen	**hacer***
danken	**agradecer***	nehmen	**tomar**
dauern	**tardar**	öffnen	**abrir**
einladen	**invitar**	parken	**estacionar**
eintreten	**entrar**	rauchen	**fumar**
erzählen	**contar***	rufen, schreien	**llamar, gritar**
fahren	**manejar**	sagen	**decir***
finden	**encontrar***	schicken	**mandar, enviar**
fliegen	**volar***	schlafen	**dormir***
fotografieren	**tomar una foto**	schreiben	**escribir**
geben	**entregar**	sehen	**ver*, mirar**
gehen	**andar, caminar**	sprechen	**hablar**
glauben	**creer***	sterben	**morir***
grüßen	**saludar**	suchen	**buscar**
halten	**sostener***	telefonieren	**llamar por teléfono**
helfen	**ayudar**	vergessen	**olvidar**
hören	**oír*, escuchar**	verstehen	**entender***
informieren	**informar, avisar**	versuchen (zu)	**tratar (de)**
kaufen	**comprar**	warten	**esperar**
kennen	**conocer***		

* unregelmäßige Verben

Unregelmäßige Verben

Bei einer Anzahl von leicht unregelmäßigen Verben verändert sich bis auf die 1. Person Mehrzahl („wir") lediglich der Stamm, die Beugungsendungen sind aber regelmäßig.

-e- wird zu -ie-:		
	pensar	**entender**
	denken	verstehen
ich	**pienso**	**entiendo**
du	**piensas**	**entiendes**
er, sie / Sie	**piensa**	**entiende**
wir	**piensamos**	**entendemos**
ihr	**piensan**	**entienden**
sie / Sie *(Mz)*	**piensan**	**entienden**

Zu dieser Gruppe gehören u. a. auch querer (wollen), cerrar (schließen), comenzar (beginnen), recomendar (empfehlen), defender (verteidigen), perder (verlieren).

-o- wird zu -ue-:		
	contar	**mover**
	erzählen	bewegen
ich	**cuento**	**muevo**
du	**cuentas**	**mueves**
er, sie / Sie	**cuenta**	**mueve**
wir	**contamos**	**movemos**
ihr	**cuentan**	**mueven**
sie / Sie *(Mz)*	**cuentan**	**mueven**

contar *auch: „zählen"*

Unregelmäßige Verben

Zu dieser Gruppe gehören u. a. auch poder (können), costar (kosten), encontrar (finden, treffen), rogar (bitten), doler (schmerzen), llover (regnen), volver (zurückkommen).

Einige Verben werden völlig unregelmäßig gebeugt. Hier eine Liste der wichtigsten. Man sollte zumindest die Gegenwartsformen kennen.

Die letzte Gruppe schließlich bildet nur die 1. Person Einzahl („ich") unregelmäßig: -c- wird zu -zc-, z. B. conocer (kennen) wird zu co- nozco (ich kenne). Alle anderen Formen sind regelmäßig. Zu dieser Gruppe gehören die meisten Verben, die auf -cer oder -ducir enden, z. B. ofrecer (anbieten), traducir (übersetzen).

dar	ir	oir	venir	hacer
geben	gehen	hören	kommen	machen
doy	voy	oigo	vengo	hago
das	vas	oyes	vienes	haces
da	va	oye	viene	hace
damos	vamos	oímos	venimos	hacemos
dan	van	oyen	vienen	hacen
dan	van	oyen	vienen	hacen

decir	ver	poner	salir	saber
sagen	sehen	stellen	weggehen	wissen
digo	veo	pongo	salgo	sé
dices	ves	pones	sales	sabes
dice	ve	pone	sale	sabe
decimos	vemos	ponemos	salimos	sabemos
dicen	ven	ponen	salen	saben
dicen	ven	ponen	salen	saben

Sein & Haben

Dem deutschen Hilfsverb „sein" entspre-chen im Spanischen zwei Verben: ser und estar.

sein

	ser	estar
ich	soy	estoy
du	eres	estás
er, sie / Sie	es	está
wir	somos	estamos
ihr	son	están
sie / Sie (Mz)	son	están

Für die Unterscheidung von ser und estar prägt man sich am besten folgende Faustregeln ein:

Mit dem Verb ser werden unabänderliche oder charakteristische Wesenszüge bezeichnet, z. B. Nationalität, Religion, Beruf, Herkunft, Cha-rakter- bzw. wesensmäßige Eigenschaften und Farben.

Soy alemán / alemana.
(ich-)bin Deutscher / Deutsche
Ich bin Deutscher / Deutsche.

La mesa es pequeña.
die Tisch (sie-)ist klein
Der Tisch ist klein.

Die Unterscheidung von ser *und* estar *wird anfangs etwas Mühe machen, ist aber sehr wichtig. Wie erheblich sich die Bedeutung unterscheiden kann, mag folgendes Beispiel veranschaulichen:*

Estar dagegen drückt einen vorübergehenden oder veränderlichen Zustand aus, z. B. Ortsangaben, Befinden, Stimmung.

Él está en el baño.
er (er-)ist in der Bad
Er ist im Bad.

Estamos cansados.
(wir-)sind müde(Mz)
Wir sind müde.

Esta carne es mala.
diese Fleisch (sie-)ist schlechte
Das ist *(qualitativ)* schlechtes Fleisch.

Esta carne está mala.
diese Fleisch (sie-)ist schlechte
Dieses Fleisch ist schlecht *(= verdorben).*

Dabei ist zu beachten, dass ein Eigenschaftswort als Ergänzung der Satzaussage (des Prädikats) sich in Zahl und Geschlecht nach dem Satzgegenstand (Subjekt) richtet.

Yo estoy cansado.
ich (ich-)bin müde
Ich bin müde.
(sagt ein Mann)

Yo estoy cansada.
ich (ich-)bin müde(w)
Ich bin müde.
(sagt eine Frau)

Tú eres bonito.
du (du-)bist schön
Du bist schön.
(zum Mann)

Tú eres bonita.
du (du-)bist schöne
Du bist schön.
(zur Frau)

Nosotros estamos solos.
wir (wir-)sind allein(Mz)
Wir sind allein. *(Männer / gemischt)*

Nosotras estamos solas.
wir(w) (wir-)sind allein(w Mz)
Wir sind allein. *(nur Frauen)*

haben

Das deutsche Verb „haben" hat im Spanischen ebenfalls zwei Entsprechungen: Dabei bedeutet tener „haben" im Sinne von „besitzen", ist also kein Hilfsverb. Zur Bildung der zusammengesetzten Vergangenheitsformen wird ausschließlich haber verwendet.

Zur 3. Person Einzahl existiert außerdem die unpersönliche Nebenform hay (es gibt), die in der Umgangssprache sehr häufig gebraucht wird.

	tener	haber
ich	tengo	he
du	tienes	has
er, sie / Sie	tiene	ha
wir	tenemos	hemos
ihr	tienen	han
sie / Sie (Mz)	tienen	han

tener: „haben, besitzen"
haber: Hilfsverb „haben"

Hay mucho sol.
(es-)hat/gibt viel Sonne
Die Sonne ist sehr stark.

Hay que tener cuidado.
(es-)hat/gibt dass haben Vorsicht
Man muss aufpassen.

Hay que levantarse temprano.
(es-)hat/gibt dass aufstehen-sich früh
Man muss früh aufstehen.

Die unpersönliche Form hay tritt zudem in dem wichtigen Ausdruck hay que (man muss) auf.

Weitere Zeiten

Damit wird man zwar nicht in jedem Fall korrekt sprechen, sich aber immer verständlich machen können.

Die Möglichkeiten der Zeitenbildung sind im Spanischen reichhaltiger als im Deutschen. Eine vollständige Darstellung würde jedoch den Rahmen des Kauderwelsch-Sprechführers sprengen, weshalb im Folgenden nur zwei Formen der Vergangenheit sowie der Zukunft vorgestellt werden.

Partizip II

Zur Bildung der vollendeten Gegenwart (Perfekt), z. B. „ich bin gegangen", braucht man zunächst das Partizip II (z. B. „gegangen, gelaufen"). Dabei wird die Endung der Grundform durch die Endung des Partizips ersetzt:

-ar	**hablar**	sprechen
-ado	**hablado**	gesprochen
-er	**comer**	essen
-ido	**comido**	gegessen
-ir	**vivir**	leben
-ido	**vivido**	gelebt

Folgende Ausnahmen (unregelmäßig gebildete Partizipien) sollte man sich merken:

abrir	öffnen	**abierto**	geöffnet
decir	sagen	**dicho**	gesagt
escribir	schreiben	**escrito**	geschrieben
hacer	machen, tun	**hecho**	gemacht, getan
poner	stellen, legen	**puesto**	gestellt, gelegt
ver	sehen	**visto**	gesehen

Perfekt

Am schnellsten zu lernen ist das Perfekt (vollendete Gegenwart, z. B.: „ich bin gegangen"), weil man sich nur einige wenige Formen einprägen muss. Man kombiniere dafür die Gegenwartsformen des Hilfsverbs haber (haben) mit dem Partizip II des jeweiligen Verbs.

Nur haber wird gebeugt, das Partizip II bleibt unverändert!

Achtung: Anders als im Deutschen werden die zusammengesetzten Zeiten niemals mit dem Hilfsverb „sein" gebildet.

haber hablado	
he h.	ich habe gesprochen
has h.	du hast gesprochen
ha h.	er / sie hat / Sie haben gesprochen
hemos h.	wir haben gesprochen
han h.	ihr habt gesprochen
han h.	sie / Sie haben gesprochen

Das Perfekt wird im Allgemeinen für eine Handlung in der Vergangenheit benutzt, die erst kürzlich geschehen ist bzw. noch Auswirkungen auf die Gegenwart hat. Im Satz gilt die Perfekt-Konstruktion (haber + Partizip II) als geschlossene Einheit, in die keine weiteren Wörter eingefügt werden können.

He llegado hoy.
(ich-)habe angekommen heute
Ich bin heute angekommen.

Siempre hemos comido en este restaurante.

(... und tun es noch heute) *immer (wir-)haben gegessen in dieser Restaurant*
Wir haben immer in diesem Restaurant gegessen.

einfache Vergangenheit

Eine weitere Vergangenheitsform ist das inde-finido, das der deutschen einfachen Vergangenheit entspricht, z. B. „ich ging". Dabei handelt es sich nicht um eine zusammenge-setzte Zeit, sondern um eine eigene Beu-gungsform. Die Verben auf -er und -ir haben die gleichen Beugungsendungen.

vivir auch: „wohnen"

	habl-ar	**com-er**	**viv-ir**
	sprechen	essen	leben
ich	**habl-é**	**com-í**	**viv-í**
du	**habl-aste**	**com-iste**	**viv-iste**
er, sie / Sie	**habl-ó**	**com-ió**	**viv-ió**
wir	**habl-amos**	**com-imos**	**viv-imos**
ihr	**habl-aron**	**com-ieron**	**viv-ieron**
sie / Sie	**habl-aron**	**com-ieron**	**viv-ieron**

Das indefinido ist im Spanischen sehr häufig und wird auch dort verwendet, wo man im Deutschen in der gesprochenen Sprache vorwiegend das Perfekt gebraucht.

Mit dem indefinido bezeichnet man ein abge-schlossenes Ereignis in der Vergangenheit.

Ayer comí con ella.
gestern (ich-)aß mit sie
Gestern habe ich mit ihr gegessen.

(... und lebt heute woanders) **Él vivió dos años en Las Tunas.**
er (er-)lebte zwei Jahre in Las Tunas
Er hat zwei Jahre in Las Tunas gelebt.

	ser	**estar**	**tener**
	sein	sein	haben
ich	**fui**	**estuve**	**tuve**
du	**fuiste**	**estuviste**	**tuviste**
er, sie / Sie	**fue**	**estuvo**	**tuvo**
wir	**fuimos**	**estuvimos**	**tuvimos**
ihr	**fueron**	**estuvieron**	**tuvieron**
sie / Sie *(Mz)*	**fueron**	**estuvieron**	**tuvieron**

Zu beachten ist, dass ser (sein) und das unregelmäßige Verb ir (gehen) die gleichen Formen im indefinido bilden. So kann z. B. fue sowohl „er war" als auch „er ging" bedeuten.

Für das Hilfsverb haber (haben) reicht es völlig aus, sich lediglich die 3. Person Einzahl („er / sie") zu merken: hubo. Diese Form ist nämlich zugleich die Vergangenheitsform des unpersönlichen hay (es gibt) und wird dementsprechend mit „es gab" übersetzt.

Zukunft

Die gebräuchlichste Art, zukünftige Ereignisse auszudrücken, ist die Kombination der gebeugten Form von ir (gehen) mit einem zwischengestellten a (etwa „zu") und der Grundform des jeweiligen Verbs, das in die Zukunft gesetzt werden soll. Ir (gehen) ist ein unregelmäßiges Verb.

Vamos a salir.
(wir-)gehen zu weggehen
Wir werden gleich weggehen.

Am einfachsten (wenn auch nicht immer ganz korrekt) ist es natürlich, wie im Deutschen die Gegenwartsform mit einer entsprechenden Zeitangabe zu verwenden, z. B.: „ich gehe morgen" anstatt „ich werde gehen".

Voy a pagar la cuenta mañana.
(ich-)gehe zu zahlen die Rechnung morgen
Ich werde die Rechnung morgen bezahlen.

Neben den oben genannten Möglichkeiten gibt es für die Zukunft eine eigene Beugungsform (im Spanischen futuro imperfecto genannt). Diese Beugungsform wurde ursprünglich aus dem Infinitiv (Grundform) und dem nachgestellten gebeugten Hilfsverb haber (haben) gebildet (z. B. „hablar he" = „ich werde sprechen"). Aus einer Verschmelzung dieser Elemente (aus „hablar he" wurde hablaré, aus „hablar has" wurde hablarás usw.) entstanden die heutigen Formen.

Die Beugungsendungen für die Bildung der Zukunft sind bei allen Beugungsklassen gleich; sie werden an den vollständigen Infinitiv (Grundform) angehängt.

hablar	sprechen
hablar-é	ich werde sprechen
hablar-ás	du wirst sprechen
hablar-á	er / sie wird / Sie werden sprechen
hablar-emos	wir werden sprechen
hablar-án	ihr werdet sprechen
hablar-án	sie / Sie *(Mz)* werden sprechen

Estará contento / contenta con la habitación.
(er-/sie-)wird-sein zufrieden(m/w) mit die Zimmer
Sie werden mit dem Zimmer zufrieden sein!

Mit der Zukunftsform lässt sich auch eine Vermutung ausdrücken:

¿Qué hora será?
was Stunde (es-)wird-sein
Wie spät mag es sein?

Modalverben

Die Modalverben werden im Allgemeinen in Verbindung mit Vollverben gebraucht und geben der Satzaussage einen zusätzlichen Bedeutungsaspekt (Möglichkeit, Notwendigkeit, Verpflichtung usw.). Exakte Entsprechungen zwischen den deutschen und den spanischen Modalverben gibt es aber nicht.

deber	poder	querer	saber	tener que
debo	puedo	quiero	sé	tengo que
debes	puedes	quieres	sabes	tienes que
debe	puede	quiere	sabe	tiene que
debemos	podemos	queremos	sabemos	tenemos que
deben	pueden	quieren	saben	tienen que
deben	pueden	quieren	saben	tienen que

deber   müssen, sollen, dürfen

Mit deber wird zumeist eine Notwendigkeit bezeichnet, die sich aus einer moralischen Verpflichtung ergibt.

Debemos apoyar este plan.
(wir-)müssen unterstützen dieser Plan
Wir müssen diesen Plan unterstützen.

No debes hacerlo.
nicht (du-)musst machen-es
Du darfst das nicht tun.

Wichtig: deber *als*
Vollverb bedeutet:
„schulden, (jemandem
etwas) schuldig sein"

¿Qué le debo?
was ihm/ihr (ich-)schulde
Was schulde ich Ihnen?

poder / saber   können

Poder drückt eine Möglichkeit oder Fähigkeit aus, die von äußeren Umständen, dem eigenen Willen oder einer Erlaubnis abhängt.

¡No puedo más!
nicht (ich-)kann mehr
Ich kann nicht mehr!

¡Aquí no se puede fumar!
hier nicht sich (es-)kann rauchen
Man darf hier nicht rauchen!

Mit saber (können, wissen) hingegen bezeichnet man eine erlernte oder angeborene Fähigkeit.

Todos saben nadar.
alle (sie-)wissen schwimmen
Alle können schwimmen.

querer   wollen

Möchte man einen Willen oder Wunsch ausdrücken, verwendet man das Verb querer.

Queremos ir a la playa.
(wir-)wollen gehen zu die Strand
Wir wollen zum Strand gehen.

Bei einem höflich geäußerten Wunsch benutzt man statt quiero (ich will) die Möglichkeitsform II quisiera (ich möchte / ich würde gern).

Quisiera ver algunos cuartos.
(ich-)würde-wollen sehen einige Zimmer
Ich würde gern einige Zimmer sehen.

Als Vollverb hat querer die Bedeutung „lieben".

Te quiero.
dich (ich-)will
Ich liebe dich.

tener que   müssen

Mit tener que wird eine Notwendigkeit bzw. ein äußerer Zwang angezeigt.

Tengo que ir al médico.
(ich-)habe dass gehen zum Arzt
Ich muss zum Arzt.

Rückbezügliche Verben

Rückbezügliche (reflexive) Verben haben im Infinitiv (Grundform) stets die zusätzliche Endung -se („sich"), z. B. lavarse (sich waschen). Bei der Beugung trennt sich -se vom Infinitiv und wird zu einem selbständigen rückbezüglichen Fürwort, das vor dem Verb steht.

lavarse	*waschen-sich*	sich waschen
me lavo	*mich (ich-)wasche*	ich wasche mich
te lavas	*dich (du-)wäschst*	du wäschst dich
se lava	*sich (er-/sie-)wäscht*	er / sie wäscht sich / Sie waschen sich
nos lavamos	*uns (wir-)waschen*	wir waschen uns
se lavan	*sich (sie-)waschen*	ihr wascht euch
se lavan	*sich (sie-)waschen*	sie waschen sich / Sie *(Mz)* waschen sich

Im Satz nimmt das rückbezügliche Fürwort eine andere Position ein als im Deutschen. Normalerweise steht es direkt vor dem gebeugten Verb. In einer Konstruktion mit Modalverben wird es jedoch an die Grundform angehängt.

Se decidió a comprar la casa.
sich (er-/sie-)entschloss zu kaufen die Haus
Er / sie entschloss sich, das Haus zu kaufen.

Neben vielen Verben, die wie im Deutschen rückbezüglich sind oder entsprechend verwendet werden können (wie z. B. lavar = waschen, lavarse = sich waschen), gibt es Verben, die im Spanischen zwar rückbezüglich sind, im Deutschen aber nicht. Dazu gehören z. B.:

levantarse	aufstehen	**llamarse**	heißen
desvestirse	ausziehen	**despertarse**	aufwachen
bañarse	baden	**callarse**	schweigen
quedarse	bleiben	**detenerse**	stehenbleiben
casarse	heiraten	**pelearse**	streiten
irse	weggehen		

Me voy.
mich (ich-)gehe
Ich gehe weg.

Me llamo Miguel.
mich (ich-)rufe Michael
Ich heiße Michael.

¡Cállate!
schweig-dich
Halt die Klappe!

Das rückbezügliche se wird auch verwendet, um das deutsche „man" auszudrücken.

Se venden souvenirs.
sich (sie-)verkaufen Souvenirs
Man verkauft Souvenirs.

Se habla alemán.
sich (es-)spricht Deutsch
Man spricht Deutsch.

Satzstellung

Der Satzbau ist im Spanischen in der Regel wie im Deutschen. Zu beachten ist, dass die gebeugten persönlichen Fürwörter („mir", „dir", „mich, dich"), die rückbezüglichen Fürwörter sowie das Verneinungswort no (nicht) anders als im Deutschen immer direkt vor dem Verb stehen.

Der einfache Aussagesatz folgt meist folgendem Schema:

Subjekt	Prädikat	Objekt
El niño	**toma**	**el jugo.**
der Kind	*(er-)nimmt*	*der Saft*
Das Kind	trinkt	den Saft.
Nosotros	**te damos**	**la llave.**
wir	*dir (wir-)geben*	*die Schlüssel*
Wir	geben dir	den Schlüssel.

Auch wenn ein Umstandswort oder ein anderes Wort vorangestellt wird, bleibt das Grundschema erhalten; es erfolgt keine Umstellung von Subjekt und Prädikat wie im Deutschen.

Hoy el Señor Vargas va al cine.
heute der Herr Vargas (er-)geht zu-der Kino
Heute geht Herr Vargas ins Kino.

Verneinung

Aussagesätze werden durch no (nein, nicht) verneint, das grundsätzlich vor der Satzaussage (dem Prädikat) steht.

Im Spanischen wird auch dann das Verb verneint, wenn sich im Deutschen die Verneinung auf das Hauptwort bezieht.

Desgraciadamente no puedo venir.
unglücklicherweise nicht (ich-)kann kommen
Ich kann leider nicht kommen.

No tengo tiempo.
nicht (ich-)habe Zeit
Ich habe keine Zeit.

Estos zapatos no me gustan.
diese Schuhe nicht mir (sie-)gefallen
Diese Schuhe gefallen mir nicht.

Die unbestimmten Verneinungs(für)wörter wie „niemand, nichts, niemals" benötigen im Spanischen eine besondere Konstruktion, die eigentlich eine doppelte Verneinung darstellt. Dabei wird das Verb mit no (nein, nicht) verneint und das selbständige Verneinungswort in der Regel an den Schluss des Satzes gestellt.

Eine doppelte Verneinung bleibt also eine Verneinung.

no ... **ninguno**	keiner *(m)*	no ... **nada**		nichts
no ... **ninguna**	keine *(w)*	no ... **tampoco**		auch nicht
no ... **nadie**	niemand	no ... **en ninguna parte**	nirgends
no ... **nunca**	niemals	no ... **a ninguna parte**	nirgendwohin
no ... **jamás**	niemals	no ... **de ninguna parte**	nirgendwoher

No entiendo nada.
nicht (ich-)verstehe nichts
Ich verstehe nichts.

No volverá nunca.
nicht (er-/sie-)wird-zurückkehren niemals
Er / sie wird nie zurückkommen.

Nunca he comido tanto.
niemals (ich-)habe gegessen soviel
Nie habe ich soviel gegessen.

Nadie me contestó.
niemand mir (er-/sie-)antwortete
Es hat mir niemand geantwortet.

Die Verneinung des Verbs entfällt nur dann, wenn das besondere verneinende Wort (z. B. „nie, nichts ...") dem Verb vorangestellt ist.

Fragen

Entscheidungsfragen sind Fragen, die man nur mit sí (ja) oder no (nein) beantworten kann.

In der Regel wird in der Frage Satzgegenstand (Subjekt) und Satzaussage (Prädikat) gegenüber der Wortstellung im normalen Aussagesatz vertauscht.

Entscheidungsfragen

Este es el camino hacia ...
dieser (er-)ist der Weg nach ...
Das ist der Weg nach ...

Es ist aber ebenso möglich, die Wortfolge des Aussagesatzes beizubehalten und nur mittels der Satzmelodie anzuzeigen, dass es sich um eine Frage handelt.

¿Es este el camino hacia ...?
(er-)ist dieser der Weg nach ....
Ist das der Weg nach ...?

¿Este es el camino hacia ...?
dieser (er-)ist der Weg nach ...
Das ist der Weg nach ...?

Ergänzungsfragen

Ergänzungsfragen werden durch Fragewörter eingeleitet; man antwortet mit einem vollständigen Satz. Auch hier werden Satzgegenstand (Subjekt) und Satzaussage (Prädikat) umgestellt.

¿Dónde está el museo?
wo (er-)ist der Museum
Wo ist das Museum?

¿Cuándo viene tu hermana?
wann (sie-)kommt deine Schwester
Wann kommt deine Schwester?

¿qué?	was?	¿quién?	wer?
¿cómo?	wie?	¿dónde?	wo?
¿adónde?	wohin?	¿de dónde?	woher?
¿por qué?	warum?	¿para qué?	wofür? / für was?
¿cuál?	welche(r)?	¿(desde) cuándo?	(seit) wann?
¿cuánto?	wie viel?	¿cuánto tiempo?	wie lange?
¿cuántos?	wie viele? *(m)*	¿cuántas?	wie viele? *(w)*

Etliche Fragewörter sind mit Bindewörtern identisch. Um sie von diesen zu unterscheiden, werden Fragewörter mit einem Akzentzeichen geschrieben, Bindewörter nicht, z. B. ¿cuándo? (wann?), aber cuando (wenn, als).

¿Hola, cómo le va?
hallo wie ihm/ihr (es-)geht
Hallo, wie geht es Ihnen?

¿Cuánto vale esta bolsa?
wieviel (sie-)kostet diese Tasche
Wie viel kostet diese Tasche?

¿Cuándo llega la guagua?
wann (sie-)ankommt die Bus
Wann kommt der Bus an?

¿Cómo te llamas?
wie dich (du-)rufst
Wie heißt du?

¿Quién es?
wer (er-/sie-)ist
Wer ist das?

¿Qué es eso?
was (es-)ist dies
Was ist das?

¿Dónde vives?
wo (du-)lebst
Wo wohnst du?

Auffordern & Befehlen

Die Bildung der Befehlsform (Imperativ) ist einfach, wenn man den Ansprechpartner duzt. Dann ist die Befehlsform mit der 3. Person Einzahl Gegenwart („er / sie ...") identisch.

habla	er / sie spricht	**¡habla!**	sprich!
come	er / sie isst	**¡come!**	iss!
vive	er / sie lebt	**¡vive!**	lebe!

¡Habla más alto!
sprich(-du) mehr hoch
Sprich lauter!

¡Come, Francisco!
iss(-du) Francisco
Iss, Francisco!

Wird eine Person gesiezt, geht man von der Du-Befehlsform Einzahl aus: Die Endung -a wird regelmäßig durch -e ersetzt, und -e wird durch -a ersetzt. (Im Spanischen ist dies die Möglichkeitsform, genannt subjuntivo).

¡habla!	sprich!	**¡hable!**	sprechen Sie!
¡come!	iss!	**¡coma!**	essen Sie!
¡vive!	leb!	**¡viva!**	leben Sie!

¡Hable Usted!
spreche(-er/-sie) Sie
Sprechen Sie!

¡Coma Usted todo!
esse(-er/-sie) Sie alles
Essen Sie alles!

Oft wird der Sie-Befehlsform darüber hinaus Usted *nachgestellt.*

¡Viva Usted bien!
lebe(-er/-sie) Sie gut
Leben Sie wohl!

Fordert man mehrere Personen zu etwas auf, geht man von der 3. Person Mehrzahl („sie") aus: Die Endung -an wird durch -en ersetzt, und -en wird durch -an ersetzt:

hablan	sie sprechen
¡hablen!	sprecht! / sprechen Sie!
comen	sie essen
¡coman!	esst! / essen Sie!
viven	sie leben
¡vivan!	lebt! / leben Sie!

Einige häufig gebrauchte Verben bilden unregelmäßige Befehlsformen (hier nur die wichtigsten):

ir(se) (gehen)	**¡ve(te)!** (geh!)	**¡vaya(se)!** (gehen Sie!)
dar (geben)	**¡da!** (gib!)	**¡dé!** (geben Sie!)
decir (sagen)	**¡di!** (sage!)	**¡diga!** (sagen Sie!)
oír (hören)	**¡oye!** (höre!)	**¡oiga!** (hören Sie!)
salir (weggehen)	**¡sal!** (geh fort!)	**¡salga!** (gehen Sie fort!)
tener (haben)	**¡ten!** (habe!)	**¡tenga!** (haben Sie!)
venir (kommen)	**¡ven!** (komm!)	**¡venga!** (kommen Sie!)
ver (sehen)	**¡ve!** (siehe!)	**¡vea!** (sehen Sie!)

¡Ven aquí!	**¡Tome Usted esto!**
komm(-du) hier	*nehme(-er/-sie) Sie dies*
Komm her!	Nehmen Sie das hier!

Die Sie-Befehlsform wird mit vorangestelltem no (nicht) verneint:

¡hable!	sprechen Sie!
¡no hable!	sprechen Sie nicht!
¡haga!	machen Sie!
¡no haga!	machen Sie nicht!

Sicherlich wird man auch veranstanden, wenn man einfach die Du-Befehlsform mit no verneint. Dies ist allerdings grammatikalisch nicht ganz korrekt.

Die Verneinung der Du-Befehlsform ist komplizierter. Es wird nicht nur no (nicht) vorangestellt, sondern man muss auch noch die 2. Person Einzahl der Möglichkeitsform (subjuntivo) bilden. Dazu nimmt man die Sie-Befehlsform und fügt noch die Endung -s an.

¡No comas tanto!
nicht essest(-du) soviel
Iss nicht so viel!

Werden die gebeugten persönlichen oder die rückbezüglichen Fürwörter in eine Befehlsform eingebaut, so werden sie an diese angehängt:

me dice	*mir (er-/sie-)sagt*	er / sie sagt mir
¡dime!	*sag(-du)-mir*	sag mir!
¡dímelo!	*sag(-du)-mir-es*	sag es mir!
se va	*sich (er-/sie-)geht*	er / sie geht weg
¡vete!	*geh(-du)-dich*	geh weg!

Verlaufsform

Die im Spanischen sehr häufig verwendete Verlaufsform ist eine Konstruktion, die in vergleichbarer Form im Deutschen nicht benutzt wird (wohl aber im Englischen). Man bezeichnet damit eine gerade ablaufende Handlung. Die Verlaufsform setzt sich aus der jeweiligen gebeugten Form von estar (sein) und dem Partizip I (Mittelwort der Gegenwart, z. B.: „sprechend", „essend") zusammen.

Wie das Partizip II (z. B. „gesprochen", „gegessen") wird auch das Partizip I ganz regelmäßig gebildet, indem die Endung des Infinitivs (Grundform) durch -ando bzw. -iendo ersetzt wird.

-ar	hablar	sprechen
-ando	hablando	sprechend
-er	comer	essen
-iendo	comiendo	essend
-ir	vivir	leben
-iendo	viviendo	lebend

Ella está escribiendo una carta.
sie (sie-)ist schreibend eine Brief
Sie schreibt gerade einen Brief.

Están saliendo.
(sie-)sind weggehend
Sie sind dabei fortzugehen.

Bindewörter

Aus der Vielzahl der Bindewörter, die Sätze oder Satzteile miteinander verknüpfen, seien hier nur die wichtigsten genannt:

y / o	und / oder	**porque**	weil
pero	aber	**si**	wenn, falls; ob
aunque	obwohl	**cuando**	wenn, als; sobald
sino	sondern	**como**	wie; da
sin embargo	jedoch	**que**	dass; welche(-r, -s)

Einige Bindewörter werden in verschiedenen Bedeutungen verwendet.

Si viene él, yo me quedo.
wenn (er-)kommt er ich mich (ich-)bleibe
Wenn er kommt, bleibe ich hier.

Me pregunto si viene.
mich (ich-)frage ob (er-/sie-)kommt
Ich frage mich, ob er / sie kommt.

Die Funktionen von que sind besonders vielfältig. Es übernimmt die Bedeutung des deutschen „dass", tritt aber auch als Relativpronomen „welche(-r, -s)" oder als Vergleichspartikel „als" im Vergleichssatz auf:

Dice que viene pronto.
(er-/sie-)sagt dass (er-/sie-)kommt bald
Er / sie sagt, dass er / sie bald komme.

La mesa que está allí.
die Tisch welche (sie-)ist dort
Der Tisch, der dort steht.

Isabel trabaja mejor que otros.
Isabel (sie-)arbeitet besser als andere
Isabel arbeitet besser als andere.

Verhältniswörter

Hier nun einige wichtige Verhältniswörter. Einige Verhältniswörter haben mehrere Verwendungsmöglichkeiten:

a	nach, zu	**en**	in, an, auf
bajo	unter	**entre**	zwischen
cerca de	nahe bei	**fuera de**	außerhalb von
con	mit	**hacia**	gegen, in Richtung
contra	gegen	**hasta**	bis
de	von, aus	**junto a**	neben
delante de	vor	**para**	für
dentro de	innerhalb	**por**	wegen; durch; für
desde	von ... aus; seit	**sin**	ohne
detrás de	hinter	**sobre**	auf

Die Verhältniswörter werden nicht immer wie im Deutschen benutzt. Eine markante Schwierigkeit ist z. B. die Unterscheidung von para und por.

Mit para wird ein Zweck, eine Bestimmung oder eine persönliche Ansicht bezeichnet.

Esta hamaca es un regalo para mi hermano.
diese Hängematte ist ein Geschenk für mein Bruder
Diese Hängematte ist ein Geschenk für
  meinen Bruder.

Para él es una cosa extraordinaria.
für er (sie-)ist eine Sache außergewöhnliche
Für ihn ist es eine außergewöhnliche Sache.

Por dient einmal zur Angabe eines Grundes oder einer Ursache, dann aber auch als Orts- oder Zeitangabe.

Él se queda dentro de la casa por la lluvia.
er sich (er-)bleibt innen von die Haus wegen die Regen
Er bleibt im Haus wegen des Regens.

Viaja por Cuba.
(er-/sie-)reist durch Cuba
Er / sie reist durch Cuba.

Besonders zu beachten ist, dass man bei dem Hinweis auf das benutzte Verkehrsmittel nicht con (mit) – wie man vom Deutschen her erwarten könnte –, sondern en (in) verwendet:

No vamos en taxi, sino en guagua.

nicht (wir-)fahren in Taxi sondern in Bus

Wir fahren nicht mit dem Taxi, sondern mit dem Bus.

Stehen die Verhältniswörter a und de vor dem bestimmten männlichen Artikel el, bilden sie zusammen mit diesem eine neue Form:

a + el = al   (zu dem, zum, nach dem)

de + el = del   (von dem, vom)

Mit dem weiblichen Artikel (a la / las, de la / las) und mit dem männlichen Artikel Mehrzahl (a los, de los) verschmelzen sie nicht.

© Graça Victoria@Fotolia.com

Der Strand bei Varadero

Zahlen & Zählen

Die Zahlen unterscheiden sich nicht von den in Spanien gebräuchlichen.

Grundzahlen

Im Gegensatz zum Deutschen stellt man die Einer den Zehnern nach, diese wiederum den Hunderten usw. Nur zwischen Zehner und Einer wird y *(und) geschoben. Ausnahmen sind lediglich die zusammengesetzten Zahlen von 21 bis 29.*

0	cero	10	diez		
1	uno, un, una	11	once		
2	dos	12	doce	20	veinte
3	tres	13	trece	30	treinta
4	cuatro	14	catorce	40	cuarenta
5	cinco	15	quince	50	cincuenta
6	seis	16	dieciséis	60	sesenta
7	siete	17	diecisiete	70	setenta
8	ocho	18	dieciocho	80	ochenta
9	nueve	19	diecinueve	90	noventa

Uno wird (auch bei zusammengesetzten Zahlen) vor einem männlichen Hauptwort zu un und vor einem weiblichen Hauptwort zu una.

21	veintiuno, -un, -una
22	veintidós
23	veintitrés
31	treinta y uno, -un, -una
32	treinta y dos
33	treinta y tres
74	setenta y cuatro
85	ochenta y cinco
96	noventa y seis

Bei zusammengesetzten Zahlen heißt 100 nicht cien, sondern ciento, ab 200 jedoch cientos *(m)* bzw. cientas *(w)*, je nach Geschlecht des dazugehörigen Hauptwortes. Achtung bei 500, 700 und 900!

100	**cien (ciento)**
101	**ciento uno / un / una**
200	**doscientos/-as**
300	**trescientos/-as**
400	**cuatrocientos/-as**
500	**quinientos/-as**
600	**seiscientos/-as**
700	**setecientos/-as**
800	**ochocientos/-as**
900	**novecientos/-as**
1000	**mil**
2000	**dos mil**
3000	**tres mil** *(usw.)*
10.000	**diez mil**

una hora
eine Stunde
eine Stunde

veintiún libros
zwanzig-und-ein Bücher
21 Bücher

ciento cuarenta y una vacas
hundert vierzig und eine Kühe
141 Kühe

setecientos treinta y tres pesos
siebenhunderte dreißig und drei Pesos
733 Pesos

Ordnungszahlen

Ordnungszahlen verhalten sich wie Eigenschaftswörter und richten sich in Zahl und Geschlecht nach dem dazugehörigen Hauptwort, dem sie in der Regel vorangestellt sind. Die weibliche Form der Ordnungszahl erhält man, indem man die Endung -o durch -a ersetzt.

primero	erster	**sexto**	sechster
segundo	zweiter	**séptimo**	siebter
tercero	dritter	**octavo**	achter
cuarto	vierter	**noveno**	neunter
quinto	fünfter	**décimo**	zehnter

Bei den Ordnungszahlen primero (erster) und tercero (dritter) entfällt die Endung -o vor männlichen Hauptwörtern.

el primer piso	erster Stock
el segundo piso	zweiter Stock

Es la tercera vez que estoy en Cuba.
(es-)ist die dritte Mal dass (ich-)bin in Cuba
Es ist das dritte Mal, dass ich in Cuba bin.

Bruchzahlen

medio	halb	**un tercio**	ein Drittel
la mitad	die Hälfte	**un cuarto**	ein Viertel

Zeit & Datum

allgemeine Zeitangaben

hoy	heute	**ya**	schon
mañana	morgen	**ya no**	nicht mehr
pasado mañana	übermorgen	**todavía**	noch
ayer	gestern	**todavía no**	noch nicht
anoche	gestern Abend	**ahora**	jetzt
anteayer	vorgestern	**de inmediato,**	sofort,
por la mañana	morgens	** en seguida**	gleich
al mediodía	mittags	**pronto**	bald
por la tarde	nachmittags	**luego, entonces**	dann
por la noche	abends, nachts	**a veces,**	manchmal
diariamente	täglich	** de vez en cuando**	
(más) temprano	früh(er)	**muchas veces**	oft
(más) tarde	spät(er)	**siempre**	immer
antes / después	vorher / nachher	**nunca**	nie

hace una semana
(es-)macht eine Woche
vor einer Woche

desde ayer
seit gestern
seit gestern

de hoy en tres días
von heute in drei Tage
in drei Tagen

Uhrzeit

Zur Angabe der Uhrzeit wird das Verb ser (sein) benutzt. Die Stunde wird immer mit dem bestimmten Artikel genannt; da hora (Stunde) ein weibliches Hauptwort ist, werden jeweils die weiblichen Formen gewählt.

Im Allgemeinen werden in Cuba die Stunden nur im 12-Stunden-Rhythmus gezählt, eine Angabe wie etwa „achtzehn Uhr" ist unüblich. Um Missverständnisse zu vermeiden, kann die Tageszeit hinzugefügt werden:

¿Qué hora es?
was Stunde (sie-)ist
Wie spät ist es?

¿Qué horas son?
was Stunden (sie-)sind
Wie spät ist es?

Es la una.
(sie-)ist die eine
Es ist ein Uhr.

Son las dos.
(sie-)sind die zwei
Es ist zwei Uhr.

Son las tres.
(sie-)sind die drei
Es ist drei Uhr.

... de la mañana	*... von die Morgen*	... morgens
... de la tarde	*... von die Nachmittag*	... nachmittags
... de la noche	*... von die Nacht*	... abends / nachts

Son las seis de la mañana / de la tarde.
(sie-)sind die sechs von die Morgen / von die Nachmittag
Es ist sechs Uhr früh (6.00) / abends (18.00).

Minuten, Viertelstunden und halbe Stunden werden zu den vollen Stunden mit y hinzugezählt oder auf die folgende volle Stunde mit para (für) bezogen.

las cinco y diez
die fünf und zehn
zehn nach fünf

cinco para las ocho
fünf für die acht
fünf vor acht

las dos y media
die zwei und halbe
halb drei

la una y cuarto
die eine und Viertel
Viertel nach eins

un cuarto para las tres
ein Viertel für die drei
Viertel vor drei

Es mediodía.
(es-)ist Mittag
Es ist zwölf Uhr mittags.

Es medianoche.
(es-)ist Mitternacht
Es ist Mitternacht.

Son las dos en punto.
(sie-)sind die zwei in Punkt
Es ist genau zwei Uhr.

Son las dos y pico.
(sie-)sind die zwei und Spitze
Es ist kurz nach zwei Uhr.

¿A qué hora vienes?
zu was Stunde (du-)kommst
Um wie viel Uhr kommst du?

A las cinco.
zu die fünf
Um fünf.

Wochentage

lunes	Montag	**viernes**	Freitag
martes	Dienstag	**sábado**	Samstag
miércoles	Mittwoch	**domingo**	Sonntag
jueves	Donnerstag	**día feriado**	Feiertag

Nos encontramos el sábado.
uns (wir-)treffen der Samstag
Wir treffen uns am Samstag.

Los lunes muchos museos están cerrados.
die Montage viele Museen (sie-)sind geschlossen
Montags sind viele Museen geschlossen.

Wendungen wie „am Montag" oder „montags" werden im Spanischen mit dem bestimmten Artikel ausgedrückt.

Monate

enero	Januar	**julio**	Juli
febrero	Februar	**agosto**	August
marzo	März	**septiembre**	September
abril	April	**octubre**	Oktober
mayo	Mai	**noviembre**	November
junio	Juni	**diciembre**	Dezember

en el mes de julio　　**en julio**
in der Monat von Juli　*in Juli*
im Monat Juli　　　　im Juli

Datum

Beim Datum wird lediglich der erste des Monats als Ordnungszahl angegeben, sonst werden die Tage mit den Grundzahlen benannt. Bei den Jahreszahlen zählt man nicht wie im Deutschen mit Vielfachen von Hundert (z. B. „Neunzehnhundert"), sondern mit mil *(tausend).*

¿Qué fecha tenemos?
was Datum (wir-)haben
Welches Datum haben wir?

el quince de septiembre
der fünfzehn von September
den 15. September

el primero de octubre de mil novecientos noventa y cinco
der erste von Oktober von tausend neunhunderte neunzig und fünf
der 1. Oktober 1995

Nací el seis de mayo ...
(ich-)wurde-geboren der sechs von Mai ...
Ich wurde am 6. Mai ... geboren.

¿Qué día tenemos hoy?
was Tag (wir-)haben heute
Welchen Tag haben wir heute?

Hoy es sábado.
heute (er-)ist Samstag
Heute ist Samstag.

Jahreszeiten	
la primavera	Frühling
el verano	Sommer
el otoño	Herbst
el invierno	Winter

Die Bezeichnungen für die Jahreszeiten werden stets mit dem Artikel verwendet.

Maße & Mengenangaben

un centímetro	1 cm	**un litro**	1 l
un metro	1 m	**un gramo**	1 g
un kilómetro	1 km	**un kilogramo**	1 kg

una mano	eine Handvoll
una botella	eine Flasche
una ración	eine Portion
una docena	ein Dutzend
un vaso	ein Glas
un montón	ein Haufen, viel
un chirrín	ein bisschen

© dimtras@Fotolia.com

Souvenirs, Souvenirs

Kurz-Knigge

Die Situation in Cuba ist vergleichbar mit der ehemaligen DDR. Die Menschen sind misstrauisch, sogar gegenüber Mitgliedern aus der eigenen Familie. Wichtiges Instrument der Kontrolle ist das Comité de Defensa de la Revolución (CDR, Komitee zur Verteidigung der Revolution). Fast alle erwachsenen Cubaner sind Mitglied dieser Organisation, die in jedem Stadtbezirk ein Büro unterhält. Mir selbst ist es oft geschehen, dass mich meine lieben Nachbarn auf dem Weg in meine Wohnung aufhielten; sie wollten sehen, was ich denn so in meiner Tasche hätte. Dies ist auch der Grund, warum Cubaner manchmal verunsichert reagieren, wenn man sie über die politische Lage des Landes befragt. Als Ausländer hat man in der Regel wenig Ärger, wenn man sich frei äußert – solange man nicht die cubanische Fahne, den Präsidenten, die Polizei oder ähnliche politische Institutionen beleidigt.

Kritik an den Verhältnissen im Land ist weder hilfreich noch höflich. Die Cubaner kennen ihre eigenen Probleme selbst am besten.

Als lateinamerikanischer Staat ist Cuba ein Land des machismo. In diesem Begriff liegt viel mehr als nur die Ungleichheit in der Behandlung der Geschlechter; es bedeutet die Macht der Männer über die wichtigsten und einflussreichsten Positionen. Gegenüber Frauen und Mädchen gibt es traditionell eine Menge Ignoranz, Egoismus und absurde Intoleranz. Wenn der Besucher mit offenen Augen durch Cuba geht, wird er auch heute noch viele Beispiele dafür finden. Allerdings ist die Zeit auch an Cuba nicht vorbeigegangen. In den letzten Jahren hat sich dann doch so manches zum Besseren verändert.

Es ist nicht ungewöhnlich, dass Mütter ihre Töchter auf eine Party begleiten. Sie sitzen dann in der Ecke und beobachten, was vor sich geht. Wenn das nicht so wäre, würde der Vater dem Mädchen nicht erlauben, das Fest zu besuchen. In den letzten Jahren hat sich auch hierbei die Situation etwas verbessert.

Wenn eine Frau mit einem Cubaner tanzt, sollte sie nicht überrascht sein, wenn dieser sehr viel Körperkontakt sucht. Als Frau sollte man sofort klarstellen, wenn man dies nicht mag.

Allerdings gibt es seit der Jahrtausendwende gewisse Anzeichen für einen behutsamen Wandel in der gesellschaftlichen Haltung zur Homosexualität.

Mit Problemen haben auch die Homosexuellen zu kämpfen. Sie sind gezwungen, ihre Lebensweise mehr oder weniger verborgen zu halten. So wurde im Sommer 1997 aus Havanna berichtet, dass alle Besucher einer privaten Schwulen-Party verhaftet und ins Gefängnis gebracht wurden; darunter waren auch spanische Touristen.

Viele Besucher Cubas kommen aus Europa, hauptsächlich aus Deutschland, Italien und Spanien, aber auch Kanadier gehören zu den häufig gesehenen Gästen. Touristen sind den allermeisten Cubanern sehr willkommen, und sie unterhalten sich gerne mit ihnen. Wenn man Hilfe braucht, wird man diese meist auch bekommen. Für diese Hilfe wird jedoch nach amerikanischer Art meist ein Trinkgeld erwartet.

Eine Siesta wie in Spanien oder Mexiko ist nicht üblich. Die Arbeitszeiten sind von 8 bis12 Uhr und von 13 bis17 Uhr. Von Pausen wird aber ausgiebig Gebrauch gemacht.

Wenn mehrere Leute auf etwas warten, bilden sie eine Schlange. Vordrängeln gilt als unhöflich. Bei Behördengängen und auch beim Einkaufen ist Geduld angesagt.

Bei der Auswahl der Kleidung sollte man daran denken, dass auf Cuba (rand)tropisches Klima herrscht. Daher sind leichte Baumwoll- oder Leinensachen zu empfehlen. In der Regenzeit sollte man einen Schirm oder eine Regenjacke dabei haben. In vielen Restaurants ist angemessene Kleidung erwünscht.

Sicherheit

Die Sicherheit in Cuba ist größer als in allen anderen lateinamerikanischen Staaten, wobei Kleinkriminalität auch hier vorhanden ist.

Wertgegenstände und Schmuck sollten nicht offen zur Schau gestellt werden, um keine Diebstähle zu provozieren.

Am Strand sollten die Sachen nicht unbeaufsichtigt liegen bleiben. Am besten keine Wertsachen zum Baden mitnehmen.

Manche Polizisten reagieren allergisch auf Gespräche zwischen Touristen und Cubanern. Diese waren lange Jahre verboten. Auch heute bricht der Cubaner das Gespräch noch oft abrupt ab, sobald ihm unbekannte Cubaner dazukommen.

Namen & Anrede

Die Cubaner haben normalerweise zwei Vornamen sowie zwei Nachnamen. Die Nachnamen setzen sich aus dem jeweils ersten Nachnamen der beiden Elternteile zusammen.

Juan	**Antonio**	**Rodríguez**	**Gómez**
1. +	2. Vorname	1. +	2. Nachname

Der erste Nachname ist der erste Nachname des Vaters, der zweite Nachname der erste Nachname der Mutter. Bei den Kindern fallen also die jeweils zweiten Nachnamen der beiden Elternteile weg.

Die normale Anrede einer Person, die man siezt, ist señor (für Männer) oder señora (für Frauen) gefolgt vom ersten Nachnamen.

Bei Fragen nach dem Weg oder anderen Auskünften von unbekannten Personen kann man die Anrede señor bzw. señora auch ohne Namen verwenden.

señora Rodríguez	Frau Rodríguez
señor Rodríguez	Herr Rodríguez

Bei Fragen nach dem Weg oder anderen Auskünften von unbekannten Personen kann man die Anrede señor bzw. señora auch ohne Namen verwenden.

© Macchiato86@Fotolia.com

Cubanisches Wandgemälde mit Che

Begrüßen & Verabschieden

Der ersten Begrüßung folgt normalerweise, gerade bei Freunden und Bekannten, die Frage nach dem Befinden.

begrüßen

¡Buenos días!	Guten Morgen / Tag!	*6:00 bis 12:00*
¡Buenas tardes!	Gute(n) Tag / Nacht!	*12:00 bis 18:00*
¡Buenas noches!	Gute Nacht!	*18:00 bis 6:00*
¡Buenas!	Gute(n) Tag / Nacht!	*umgangssprachlich*
🔊 **¡Hola!**	Hallo!	*unter Bekannten*
🔊 **¡Bienvenida!**	Herzlich willkommen!	*zur Frau*
🔊 **¡Bienvenido!**	Herzlich willkommen!	*zum Mann*

🔊 **¡Buenas! ¿Cómo estás?**
gute(w Mz) wie (du-)bist
Guten Tag! Wie geht's?

🔊 **¡Hola! ¿Qué tal?**
hallo was solches
Hallo! Wie geht's?

🔊 **¡Hola! ¿Cómo está Usted?**
hallo wie (er-/sie-)ist Sie
Hallo! Wie geht es Ihnen?

🔊 **¡Buenos días! ¿Cómo le va?**
gute Tage wie ihm/ihr (es-)geht?
Guten Tag! Wie geht es Ihnen?

Oft wird auch ¿Qué me dices? (Was sagst du mir?) verwendet. Darauf antwortet man jedoch nicht wie im Deutschen mit ausführli-

Mit einem Smartphone können Sie sich die mit einem 🔊 gekennzeichneten Sätze dieses Kapitels anhören. Scannen Sie einfach den QR-Code mit Hilfe einer kostenlosen App (z. B. „Barcoo" oder „Scanlife").

Die Frage nach dem Befinden beantwortet man meist global mit bien (gut) und kontert mit der Gegenfrage ¿Y Usted? (Und Ihnen?).

chen Beschreibungen seines Wohlbefindens, sondern einfach mit pura vida (pures Leben) oder tuanis, was aus einem Hörfehler entstand, denn es waren die Worte eines US-Amerikaners, der too nice (zu schön) sagte.

🔊 **Muy bien, gracias.**
Sehr gut, danke.

🔊 **¿Y Usted / tú?**
Und Ihnen / dir?

🔊 **Igual que siempre.**
gleich dass immer
Wie immer.

🔊 **Muy mal.**
sehr schlecht
Sehr schlecht.

🔊 **Más o menos.**
mehr oder weniger
Es geht so.

🔊 **Ni muy muy, ni tan tan.**
weder sehr sehr weder so so
So lala.

sich / jemanden vorstellen

🔊 **Mi nombre es ...**
mein Name (er-)ist...
Mein Name ist...

🔊 **Me llamo ...**
mich (ich-)rufe...
Ich heiße...

🔊 **¿Cuál es su nombre?**
welcher (er-)ist sein/ihr Name
Wie ist Ihr Name?

🔊 **Con mucho gusto (en conocerle).**
mit viel Gefallen (in kennenlernen-ihn/-sie)
Sehr erfreut, Sie kennen zu lernen.

Igualmente auch: „Ganz meinerseits."

Encantado. / Encantada.
entzückt (m/w)
Sehr erfreut.

🔊 **Igualmente.**
gleich(Umst.)
Gleichfalls.

verabschieden

¡Hasta luego!	Bis später.
¡Hasta mañana!	Bis morgen.
¡Hasta más tarde!	Bis später.
¡Adiós! / ¡Chao!	Tschüss!
¡Nos vemos!	Wir sehen uns.

¡Que te vaya bien!　　　**¡Que le vaya bien!**　　*Nicht ganz so üblich:*
dass dir (es-)gehe gut　　*dass ihm/ihr (es-)gehe gut*
Alles Gute! *(duzend)*　　Alles Gute! *(siezend)*

¡Cuídate!　　　　　**¡Cuídese bastante!**
vorsieh(-du)-dich　　*vorsehe(-er/-sie)-sich ziemlich*
Pass auf dich auf!　　Passen Sie auf sich auf!

Bitten, Wünschen, Danken

bitten

¿Por favor, puedo...?
wegen Gefallen (ich-)kann
Bitte, kann ich...?

¿Disculpe, dónde está...?
entschuldige(-er/-sie) wo (es-)ist
Entschuldigung, wo ist...?

Con permiso.
mit Erlaubnis
Gestatten Sie?

wünschen

¡Mucha / buena suerte!	Viel Glück!
¡Que te disfrutes!	Viel Vergnügen!
¡Buen viaje!	Gute Reise!
¡Feliz cumpleaños!	Alles Gute zum Geburtstag!
¡Feliz navidad!	Frohe Weihnachten!
¡Feliz año nuevo!	Frohes neues Jahr!

danken

Auf „Danke" antwortet man nicht mit por favor (bitte) sondern mit de nada (von nichts) = „Keine Ursache".

Muchas gracias.	Vielen Dank.
Muy agradecido.	Vielen Dank.
Muy amable.	Sehr liebenswürdig.
Le agradezco mucho.	Ich danke Ihnen vielmals.

Floskeln & Redewendungen

Mit einem Smartphone können Sie sich die mit einem 🔊 gekennzeichneten Sätze dieses Kapitels anhören.

sich entschuldigen

🔊 **¡Disculpa! / ¡Disculpe!**	Entschuldige! / Entschuldigen Sie!
¡Perdón!	Entschuldigung!
🔊 **¡Lo siento!**	Tut mir Leid!
¡Lo lamento!	Ich bedaure es.

🔊 **No pasó nada.**
nicht (es-)passierte nichts
Es ist nichts passiert.

No te preocupes.	**♪ No se preocupe.**
nicht dich sorgest(-du)	*nicht sich sorge(-er/-sie)*
Mach dir keine Sorgen.	Machen Sie sich keine Sorgen.

berichten / meinen

Creo que...	Ich glaube, dass...
Me parece que...	Mir scheint, dass...
¡Fíjate! /	Stell dir vor! /
¡Fíjese!	Stellen Sie sich vor!
¡Vea!	Sehen Sie!
¡Mira! /	Schau mal! /
¡Mire!	Schauen Sie mal!

¡Oiga! /	Hören Sie! /
¡Escúchame!	Hör mir mal zu!
¡Póngame atención!	Darf ich um Ihre Auf-merksamkeit bitten?
¡Imagínese!	Stellen Sie sich vor!

Fíjese / vea / mira / mire wird oft als Einleitung für eine Erzählung benutzt, während man creo que und me parece que mehr als Antwort auf eine Frage nach der eigenen Meinung verwendet.

zustimmen / Vorschlag annehmen

¡Sí!	Ja!
♪ ¡Claro que sí!	Natürlich, sicher!
¡Cómo no!	Auf jeden Fall!
¡Exáctamente!	Genau!
¡Así es!	So ist es!
¡Buena idea!	Gute Idee!
¡Positivo!	Positiv.
♪ ¡Sí, con mucho gusto!	Ja, mit Vergnügen.
♪ ¿Porqué no?	Warum nicht?

Tienes razón.
(du-)hast Vernunft
Du hast Recht.

🎵 Tiene razón.
(er-/sie-)hat Vernunft
Er / Sie hat Recht. /
Sie haben Recht.

🎵 ¡De acuerdo!
von Übereinkunft
Einverstanden.

🎵 Eso es verdad.
das (es-)ist Wahrheit
Das ist wahr.

ablehnen

¡No, gracias!
nein danke
Nein, danke.

🎵 ¡De ninguna manera!
von keine Art
Auf keinen Fall

🎵 ¡No me gusta!
nicht mir (es-)gefällt
Nein, das gefällt mir nicht.

🎵 ¡Qué lástima!
was Bedauern
Wie schade!

🎵 ¡No es así!
nicht (es-)ist so
Das ist nicht so.

🎵 ¡No lo creo!
nicht es (ich-)glaube
Das glaube ich nicht.

🎵 ¡No lo quiero!
nicht es (ich-)will
Das möchte ich nicht.

¡No me agrada!
nicht mir (es-)gefällt
Das gefällt mir nicht.

sich freuen

¡Qué bueno!	Wie gut! / Wie schön!
¡Buenísimo!	Super!
🎵 ¡Me gusta mucho!	Das gefällt mir sehr!
¡Qué rico!	Wie schön! / Wie lecker!

¡Qué lindo!	Wie hübsch!
¡Me encanta!	Es gefällt mir wahnsinnig gut!
¡Qué tuanis!	Was für ein Glück!

überrascht sein

¿De veras? / ¿De verdad?	Wirklich?
¡Increíble!	Unglaublich!
¿Qué? / ¿Qué dices?	Was? / Was sagst du?
¡No me diga!	Was Sie nicht sagen!
¡En serio!	Im Ernst!

gleichgültig sein

No me importa.
nicht mir (es-)bedeutet
Das spielt keine Rolle.

Me da igual.
mir (es-)gibt gleich
Ist mir gleich.

Me da lo mismo.
mir (es-)gibt das selbe
Ist mir total egal.

Me importa un pepino.
mir (es-)bedeutet ein Gurke
Ist mir vollkommen egal.

Angst haben

Tengo miedo de ...
(ich-)habe Angst von
Ich habe Angst vor ...

Me tiemblan las piernas.
mir (sie-)zittern die Beine
Mir zittern die Beine.

Me preocupa que ...
mich (es-)beunruhigt dass
Ich mache mir Sorgen, dass ...

Me muero de miedo.
mich (ich-)sterbe von Angst
Ich sterbe vor Angst.

Tengo mucho miedo
(ich-)habe viel Angst
Ich habe große Angst.

Mitleid haben

No se preocupe.
nicht sich (er-/sie-)sorge
Machen Sie sich keine Sorgen.

¡Qué mala suerte!
was schlechte Glück
So ein Pech!

¡Pobrecito!
Du Ärmster! /
Der Ärmste!

¡Pobrecita!
Du Ärmste! /
Die Ärmste!

Esté tranquilo.
sei(-er/-sie) ruhig
Bleiben Sie ruhig.

¡Tómalo del cuello!
nimm(-du)-es vom Hals
Reg dich nicht auf!

¡Llévela suave!
trage(-er/-sie)-sie sanft
Nehmen Sie's leicht.

¡Relájate!
entspanne(-du)-dich
Entspann dich!

Das erste Gespräch

Buenos días. ¿Cómo está Usted?
gute Tage wie (er-/sie-)ist Sie
Guten Tag. Wie geht es Ihnen?

🎵 **¿De qué país es Usted?**
von was Land (er-/sie-)ist Sie
Aus welchem Land kommen Sie?

*Mit einem Smartphone kön-
nen Sie sich die mit einem
🎵 gekennzeichneten Sätze
dieses Kapitels anhören.*

🎵 **Soy de Alemania.**
(ich-)bin von Deutschland
Ich bin aus Deutschland.

🎵 **Ah, interesante. ¿Y de qué ciudad
en Alemania?**
ah interessant und von was Stadt in Deutschland
Ah, interessant. Und aus welcher Stadt in
  Deutschland?

🎵 **Dortmund, en el centro de Alemania.**
Dortmund in der Zentrum von Deutschland
Dortmund, im Zentrum Deutschlands.

🎵 **¿Cómo se llama Usted?**   🎵 **Me llamo Eva.**
wie sich (er-/sie-)ruft Sie   *mich (ich-)rufe Eva*
Wie heißen Sie?   Ich heiße Eva.

🎵 **¿Y cuál es su apellido?**
und welcher (er-)ist sein/ihr Nachname
Und wie ist Ihr Nachname?

🔊 **Mi apellido es Castro.**

mein Nachname (er-)ist Castro

Mein Nachname ist Castro.

🔊 **¿Está bien. Usted está aquí por vacaciones?**

(es-)ist gut Sie (er-/sie-)ist hier wegen Urlaub

Gut. Machen Sie hier Urlaub?

🔊 **No, estoy trabajando.**

nein (ich-)bin arbeitend

Nein, ich arbeite hier.

Die mit * gekennzeichneten Hauptwörter haben nur eine Form, alle anderen bilden die weibliche Berufsbezeichnung auf -a.

🔊 **¿Qué está haciendo Usted en Alemania?**

was (er-/sie-)ist machend Sie in Deutschland

Was machen Sie in Deutschland?

🔊 **Soy traductora.**

(ich-)bin Übersetzerin

Ich bin Übersetzerin.

Berufe	
empleado / obrero	Angestellter / Arbeiter
médico / panadero	Arzt / Bäcker
campesino / electricista*	Bauer / Elektriker
peluquero / ama de casa	Friseur / Hausfrau
periodista* / enfermero	Journalist / Krankenpfleger
maestro / gerente*	Lehrer / Manager
mecánico / carnicero	Mechaniker / Metzger
policía* / abogado	Polizist / Rechtsanwalt
pensionado / sastre*	Rentner / Schneider
alumno / estudiante*	Schüler / Student
ártista* / traductor	Künstler / Übersetzer
vendedor / científico	Verkäufer / Wissenschaftler

Studienfächer	
arquitectura / biología	Architektur / Biologie
economía / química	Wirtschaft / Chemie
geografía / historia	Geographie / Geschichte
informática / derecho	Informatik / Jura
matemática / medicina	Mathematik / Medizin
música / pedagogía	Musik / Pädagogik
física / psicología	Physik / Psychologie
idiomas	Sprachen

⟩ **¿Cuánto tiempo tiene Usted en Cuba?**
wieviel Zeit (er-/sie-)hat Sie in Cuba
Wie lange bleiben Sie in Cuba?

⟩ **Tengo un año.**
(ich-)habe ein Jahr
Für ein Jahr.

⟩ **¿Cuántos años tiene Usted?**
wieviele Jahre (er-/sie-)hat Sie
Wie alt sind Sie?

⟩ **Tengo treinta y tres años.**
(ich-)habe dreißig und drei Jahre
Ich bin dreiunddreißig.

⟩ **¿Usted tiene hermanos?**
Sie (er-/sie-)hat Brüder
Haben Sie Geschwister?

⟩ **Sí, tengo una hermana.**
ja (ich-)habe eine Schwester
Ja, ich habe eine Schwester.

⟩ **¿Usted está casado/-a?**
Sie (er-/sie-)ist verheiratet(m/w)
Sind Sie verheiratet?

⟩ **No, estoy soltero/-a.**
nein (ich-)bin unverheiratet(m/w)
Nein, ich bin ledig.

⟩ **¿Le gusta aquí?**
ihm/ihr (es-)gefällt hier
Gefällt es Ihnen hier?

⟩ **Sí, este país es muy bonito.**
ja dieser Land (er-)ist sehr schön
Ja, dieses Land ist sehr schön.

Zu Gast sein

Cuba ist so arm, dass es oft am Lebensnotwendigsten mangelt, und es ist ein Teil der Überlebensstrategie der Cubaner geworden, sich auch durch sehr freundliches Verhalten gegenüber Touristen durchzuschlagen, in der Erwartung, etwas vom Reichtum der Touristen zu profitieren.

Auf Cuba sind die Leute sehr gastfreundlich. Obwohl sie wenig besitzen, geben sie gern. Wenn man zu einem Haus geht, wird man fast nie abgewiesen. Man sollte trotzdem vorsichtig sein und das nicht auszunutzen versuchen. Oft erwarten Cubaner unterschwellig einen gewissen „Ausgleich" für ihre Freundlichkeit und versuchen, ihren Gast zu „melken". Etwas gesunde Distanz sorgt dafür, dass man nicht falsche Erwartungen weckt.

🔊 **¡Pase adelante!**   🔊 **¡Siéntese, por favor!**
gehe(-er/-sie) vorwärts setze(-er/-sie)-sich wg. Gefallen
Treten Sie ein!   Setzen Sie sich bitte!

🔊 **¿Cómo está la familia?**
wie (sie-)ist die Familie
Wie geht es der Familie?

🔊 **¿Quiere tomar algo?**
(er-/sie-)will nehmen etwas
Möchten Sie etwas trinken?

Sí, gracias.   **No, gracias.**
Ja, bitte.   Nein, danke.

Mit einem Smartphone können Sie sich die mit einem 🔊 gekennzeichneten Sätze dieses Kapitels anhören.

🔊 **¿Un cafecito, un fresco, algo de comer?**
ein Kaffeechen ein Frischer etwas von essen
Einen Kaffee, einen Saft oder vielleicht etwas zu essen?

❀ **Sí, algo de comer, por favor.**
ja etwas von essen wegen Gefallen
Ja, etwas zu essen, bitte.

❀ **¡Sírvase / Sírvete, por favor!**
bediene(-er/-sie)-sich / bediene(-du)-dich wg. Gefallen
Nehmen Sie sich doch, bitte! /
  Nimm dir doch, bitte!

❀ **¡Qué rica la comida!** ❀ **¿Quieres algo más?**
was reiche die Essen   (du-)willst etwas mehr
Sehr lecker das Essen! Möchtest du noch etwas?

❀ **No gracias, pero está muy rico todo.**
nein danke aber (es-)ist sehr reich alles
Nein, vielen Dank, aber es ist alles sehr lecker.

❀ **¿Me pasas / pasa los frijoles, por favor?**
mir (du-)reichst / (er-)reicht die Bohnen wg. Gefallen
Reichst du / Reichen Sie mir bitte die
  Bohnen?

Familie

Die Vorstellungen der Cubaner von Familie liegen weit von denen der Europäer entfernt. Der Vater ist immer noch die einzige Autorität im Haus, oft schlägt er seine Kinder oder auch seine Frau.

   Die Wohnverhältnisse sind sehr beengt, viele Großfamilien teilen sich nur ein einziges Zimmer, und so sind Streitereien an der Tagesordnung.

Schlagartig wandelt sich das Bild, wenn ein Familienmitglied stirbt oder in Problemen steckt – sei es nun Ärger mit der Polizei, oder wenn sich ein Kind als homosexuell outet.

Dabei ist deutlich der Einfluss des Staates auf die Familie zu merken. Das Castro-Regime hat die Prioritäten klar gesetzt: erst kommt die Revolution und dann die Familie. Die Einheit der Familie scheint suspekt zu sein; es ist schwierig festzustellen, wem man vertrauen kann und wem nicht.

¿Dónde está su familia ahora?
wo (sie-)ist seine/ihre Familie jetzt
Wo ist Ihre Familie im Moment?

¿Tiene novio / novia / hermanos / hijos?
(er/sie-)hat Bräutigam / Braut / Brüder / Söhne
Haben Sie einen Freund / eine Freundin / Geschwister / Kinder?

Sí, tengo fotos de ellos, puedo demostrárselas.
ja (ich-)habe Fotos von sie (ich-)kann zeigen-sich-sie
Ja, ich habe Fotos von ihnen und kann sie Ihnen gerne zeigen.

Ein weiblicher Chef wird manchmal etwas abschätzig mit mamá *betitelt. Die entsprechende Bezeichnung* papá *für einen männlichen Chef ist eher selten.*

amigo	Freund	**amiga**	Freundin
novio	„Verlobter"	**novia**	„Verlobte"
marido, esposo	Ehemann	**esposa**	Ehefrau
papá, padre	Vater	**mamá, madre**	Mutter
abuelo	Großvater	**abuela**	Großmutter
nieto	Enkel	**nieta**	Enkelin
hermano	Bruder	**hermana**	Schwester
hijo	Sohn	**hija**	Tochter
tío	Onkel	**tía**	Tante
sobrino	Neffe	**sobrina**	Nichte
primo	Cousin	**prima**	Cousine
cuñado	Schwager	**cuñada**	Schwägerin
suegro	Schwiegervater	**suegra**	Schwiegermutter
padres	Eltern	**familia**	Familie

Essen & Trinken

Die cubanische Küche hat ihre Ursprünge in den Kochkünsten der spanischen Kolonialisten. Diese haben sich vermischt mit den Essgewohnheiten der aus Afrika stammenden Sklaven. Daraus sind die sehr interessanten und typischen cubanischen Gerichte entstanden.

Ein sehr wichtiger Bestandteil ist arroz (Reis), der in vielen verschiedenen Variationen verwendet wird: arroz blanco (weißer Reis), arroz moros bzw. congrí (Reis gemischt mit schwarzen Bohnen); auch als Süßspeise wird Reis bereitet.

Mit einem Smartphone können Sie sich die mit einem ♪ gekennzeichneten Sätze dieses Kapitels anhören.

Die Bohnen sind die andere Säule der cubanischen Mahlzeiten. Was in Deutschland eine dicke Bohnensuppe ist, wird in Cuba als potaje serviert.

Typisch für die cubanischen Gerichte ist, dass sie vermengt serviert werden, in Form eines Eintopfes.

cubanische Spezialitäten

arroz con frijoles negros, yuca y lechón asado	Reis mit schwarzen Bohnen, Yucca und gegrilltem Schweinefleisch
cristianos y moros (arroz congrí)	„Christen und Mauren" (Reis mit Bohnen; cubanisches Nationalgericht)
arroz a la cubana	Reis mit Rindfleisch, Eiern, Zwiebeln und Kochbanane
arroz con pollo	Reis mit Huhn

frijoles negros	schwarze Bohnen
ensalada de aguacate	Avocado-Salat
yuca	Yucca, Maniok
sopa de camarones	Krabbensuppe
malanga	eine Knollenfrucht
boniato	Süßkartoffel
carne de cerdo asado	gegrilltes Schweinefleisch
puerco asado	geröstetes Schweinefleisch
chicharrón	fritierte Schweineschwarte
ropa vieja (wörtl.: *alte Kleidung*)	gekochtes Rindfleisch mit verschiedenen Gemüsen und Gewürzen
ajiaco	Gericht afrikanischer Herkunft mit getrocknetem Fleisch und Wurzelknollen
tamales	Maispastete mit unterschiedlichen Zutaten
tamal en cazuela	Maispastete im Topf gekocht
plátanos a puñetazos	eine spezielle Art, grüne Banane zuzubereiten
chatines	fritierte Bananen
coquimol	Nachtisch auf Kokosnussbasis mit Vanille und Rum
fufú	Püree aus Kochbananen mit Schmalz und Speck oder Schweineschwarte
cucuruchu	Brei aus Kokos, Zucker, Honig, Mandeln und Pampelmusen, karamelisiert und in Bananenblätter gefüllt
casco de guayaba	Fruchtdessert aus Guave
café criollo	starker, schwarzer, meist schon gesüßter Espresso

im Restaurant

Für Cubaner sind Restaurantbesuche fast immer unerschwinglich. Touristen haben keine Probleme, sie können auch außerhalb der Touristenzentren Restaurants besuchen.

Die normalen Restaurants sind im Besitz des Staates, alle Angestellten erhalten einen festen Monatslohn.

Cubaner können private Restaurants, sogenannte paladares („Gaumen"), eröffnen. Sie unterliegen dabei allerdings starken Kontrollen und Beschränkungen.

Da der Lohn recht niedrig ausfällt, ist die propina *(das Trinkgeld) der Touristen eine sehr wichtige Einnahmequelle für die Bedienung. Es sollte zwischen 5 und 10 % betragen.*

im Restaurant			
restaurante	Restaurant		
comida	Mahlzeit	plato	Teller
desayuno	Frühstück	vaso	Glas
almuerzo	Mittagessen	copa	Weinglas
comida	Abendessen	taza	Tasse
menú, carta	Speisekarte	cuchillo	Messer
cubierto	Gedeck	cuchara	Löffel
servilleta	Serviette	tenedor	Gabel

🎵 **¡Salonero / Salonera, por favor!**
Saalmann / Saalfrau wegen Gefallen
Bedienung, bitte.

🎵 **¡El menú, por favor!**
der Menü wegen Gefallen
Die Karte, bitte.

Me gustaría comer pollo, por favor.
mir (es-)gefiele essen Huhn wegen Gefallen
Ich hätte gern ein Huhn, bitte.

Me gustaría beber un jugo, por favor.
mir (es-)gefiele trinken ein Saft wegen Gefallen
Ich würde gern einen Saft trinken, bitte.

¿Qué nos recomienda?
was uns (er-/sie-)empfiehlt
Was empfehlen Sie uns?

Tengo una queja.
(ich-)habe eine Klage
Ich habe eine Beschwerde.

La comida está fría.
die Essen (sie-)ist kalt
Das Essen ist kalt.

Me gustaría reservar una mesa para dos personas, por favor.
mir (es-)gefiele reservieren eine Tisch für zwei Personen wegen Gefallen
Ich möchte einen Tisch für zwei Personen reservieren.

Man sollte sich ein wenig im Restaurant umsehen, bevor man sich setzt, um Rückschlüsse über die hygienischen Verhältnisse zu ziehen. Wenn schon das Restaurant nicht sauber ist, wird es in der Küche ähnlich aussehen, und die Toiletten kann man dann ganz vergessen.

¿Me da una servilleta, por favor?
mir (er-/sie-)gibt eine Serviette wegen Gefallen
Können Sie mir bitte eine Serviette geben?

Un vaso, por favor.
ein Glas wegen Gefallen
Kann ich bitte ein Glas bekommen?

La cuenta, por favor.
die Rechnung wegen Gefallen
Die Rechnung, bitte.

🔊 **¡La cuenta está mal hecha!**
die Rechnung (sie-)ist schlecht gemacht
Die Rechnung stimmt nicht.

🔊 **¡Usted me dio el cambio mal!**
Sie mir (er-/sie-)gab der Wechsel schlecht
Das Wechselgeld stimmt nicht.

🔊 **¿Dónde se encuentran los servicios sanitarios?**
wo sich (sie-)befinden die Anlagen sanitäre?
Wo sind die Toiletten?

Fleisch (carne)	
carne (w) **de cerdo / puerco**	Schweinefleisch
carne de pollo / carne de res	Hühnerfleisch / Rindfleisch
carne de conejo	Kaninchenfleisch
carne de chivo	Ziegenfleisch
bistec / chuleta / filete (m)	Beefsteak / Kotelett / Filet

Fisch (pescado)	
pescado / pez, peje (m)	Fisch (tot / lebend)
mariscos	Meeresfrüchte
calamar (m)	Tintenfisch
langosta / camarón (m)	Hummer / Garnele
corvina / pargo	Seebarsch / Brasse
tiburón (m)	Hai
trucha	Forelle

Fischgerichte, Krabben und Hummer gibt es oft nur in den Touristenrestaurants. Dort jedoch bekommt man köstliche, frische Fischspezialitäten zu Preisen, die in Europa nicht möglich sind.

Auch wenn Cuba eine Insel ist, so hat der Fisch doch keinen allzu hohen Stellenwert in der cubanischen Küche.

Gemüse (vegetales, verduras)	
pepino / tomate (m)	Gurke / Tomate
calabacín / ayote (m)	Zucchini / Kürbis
zanahoria / apio	Mohrrübe / Sellerie
papa / lechuga	Kartoffel / Kopfsalat
repollo, col (w)	Kohl
lentejas / ají (m)	Linsen / roter Chili
aguacate (m) / **frijoles**	Avocado / Bohnen

Gewürze (especies)	
cebolla / ajo	Zwiebel / Knoblauch
sal (w) / **azúcar** (m)	Salz / Zucker
pimienta / chile (m)	Pfeffer / Chili
vinagre (m) / **aceite** (m)	Essig / Öl
aceite de oliva / **aceite de vegetales**	Olivenöl / Salatöl
orégano / canela	Oregano / Zimt

Nachtisch (postre)	
casco de guayaba	typisches Fruchtdessert
dulce de fruta bomba	Papaya-Fruchtdessert
arroz con leche	Milchreis
natilla	spezieller cubanischer Pudding
flan	Karamelpudding
flan de vanilla	Vanillepudding
pudín de pan	Brotpudding
pastel	Kuchen
helado	Speiseeis

🔖 **¿Cuánto cuesta el helado?**
wieviel (er-)kostet der Eis
Was kostet das Eis?

🔖 **¿Hay frutas frescas?**
(es-)gibt Früchte frische
Gibt es frische Früchte?

🔖 **¿Están frescas las frutas?**
(sie-)sind frisch die Früchte
Sind diese Früchte frisch?

Als großer Zuckerrohrproduzent hat Cuba natürlich seinen eigenen Rum. Vor der Revolution kam der Bacardí-Rum von Cuba. Jetzt ist es eine US-amerikanische Marke.

Der beste Rum dürfte wohl „Havana Club" sein. Aber man kann aus den vielen Angeboten seinen eigenen Favoriten herausfinden.

alkoholische Getränke	
cerveza	Bier
malta	Malzbier (süß)
vino blanco / rosado / tinto	Weißwein / Roséwein / Rotwein
aguardiente	Weinbrand
anís (m)	Anisschnaps
menta	Pfefferminz
ron (m)	Rum
cóctel (m)	Cocktail
Cuba Libre	Rum, Eis, Cola, Limettensaft
Mojito	Rum, Limettensaft, Soda, Zucker, Eis, frische Minze
Daiquirí	Rum, Limettensaft, Zucker, Eis, Maraschino
Isla de Pinos	Rum, Eis, Grapefruitsaft
Ron Collins	Rum, Zucker, Limettensaft, Eis, Soda

nichtalkoholische Getränke (bebidas)	
club soda, agua mineral	Mineralwasser
refresco / fresco natural	Erfrischungsgetränk / Fruchtsaft
fresco de piña	Ananassaft
refresco de naranja / limón	Orangen- / Zitronensprudel
limonada	Limonade (Zitrone, Wasser, Zucker)
jugo de caña	Zuckerrohrsaft
café (m) **(sin leche / azúcar)**	Kaffee (ohne Milch / Zucker)
té (m) **(con leche / azúcar)**	Tee (mit Milch / Zucker)

Das Leitungswasser kann man zwar trinken, sicherer und gesünder ist es allerdings, sich an Mineralwasser und importierte Softdrinks zu halten.

Unterkunft

Bis vor einigen Jahren war es offiziell verboten, und noch immer legt der Staat viele Steine in den Weg. Dennoch vermieten immer mehr Cubaner Schlafplätze an Touristen.

casa particular = Privatpension Diese preiswerte Alternative zum Hotelzimmer hat den Vorteil, dass man seine Gastgeber besser kennen lernt und so einen einfachen Zugang zum Land gewinnt.

🎵 **¿Hay un hotel por aquí cerca?**
(es-)gibt ein Hotel durch hier nahe
Gibt es hier in der Nähe ein Hotel?

❧ Necesitamos una habitación con baño privado por dos noches.
(wir-)brauchen eine Zimmer mit Bad privat durch zwei Nächte
Wir hätten gerne ein Zimmer mit eigenem Bad für zwei Nächte.

❧ ¿Tiene una habitación libre para dos personas, con ducha / baño?
(er-/sie-)hat eine Zimmer frei für zwei Personen mit Dusche / Bad
Haben Sie ein Zimmer für zwei Personen frei, mit Dusche / Bad?

❧ ¿Podríamos verla?
(wir-)könnten sehen-sie
Könnten wir es sehen?

❧ ¿Podría mostrármela?
(er-/sie-)könnte zeigen-mir-sie
Könnten Sie es mir zeigen?

❧ ¿Hay agua caliente?
(es-)gibt Wasser warm
Gibt es warmes Wasser?

❧ Está bien. Nos quedamos aquí.
(es-)ist gut uns (wir-)bleiben hier
Gut. Wir bleiben hier.

❧ ¿Cuánto cuesta la habitación con desayuno?
wieviel (sie-)kostet die Zimmer mit Frühstück
Wie viel kostet das Zimmer mit Frühstück?

❧ ¿A qué hora es el desayuno?
zu was Stunde (er-)ist der Frühstück
Um wie viel Uhr gibt es Frühstück?

❧ Disculpe, pero el agua caliente no sirve.
entschuldige(-er/-sie) aber die Wasser warm nicht (sie-)dient
Entschuldigung, aber das warme Wasser funktioniert nicht.

❧ Necesitamos ...	**Falta un / una ...**	**... no funciona.**
(wir-)brauchen	*(es-)fehlt ein / eine ...*	*... nicht (er-/sie-)funktioniert*
Wir brauchen ...	Es fehlt ein / eine ...	... funktioniert nicht.

Unterwegs

hotel (m)	Hotel
barato	billig
tranquilo	ruhig
central	zentral gelegen
cuarto sencillo / cuarto doble	Einzelzimmer / Doppelzimmer
baño privado / ducha	eigenes Bad / Dusche
agua caliente / agua fría	warmes Wasser / kaltes Wasser
agua corriente	fließend Wasser
cama (matrimonial)	(Doppel-)Bett
piso / patio	Stockwerk / Innenhof
jardín (m) / **piscina**	Garten / Schwimmbecken
ventilador (m) / **aire acondicionado**	Ventilator / Klimaanlage
calefacción (w) / **luz** (w)	Heizung / Licht
radio (w) / **televisor** (m), **tele**	Radio / Fernseher
llave (w) / **mosquitero**	Schlüssel /Moskitonetz
toalla / jabón (m) / **sábana**	Handtuch / Seife / Bettlaken
cubrecama (w) / **almohada**	Bettdecke / Kopfkissen

Unterwegs

Die Häuser in den Städten haben Hausnummern. In den kleineren Städten oder Dörfern ist es üblich, ein kleines Schild mit den Buchstaben s/n = sin número (ohne Nummer) am Haus zu befestigen.

Auf Cuba gibt es nur zwei Städte mit mehr als 1 Million Einwohner (Havanna und Santiago de Cuba). Alle anderen Städte sind eher klein. Wie in den meisten kolonialen Städten ist das Straßennetz schachbrettartig angelegt. Die dadurch entstandenen Häuserblocks heißen manzana und sind etwa 100 m breit. Der Bürgersteig, oder was auf Cuba als solche benutzt wird, heißt cuadra und hat dement-

sprechend ebenfalls eine Länge von 100 m. Er wird zur Längenangabe verwendet. Wenn etwas vier cuadras entfernt ist, sind das also ungefähr 400 m.

Bei Adressenangaben sollte man sich immer auch nach dem barrio bzw. reparto (Stadtviertel) erkundigen.

Viele der schönen alten Häuser sind dem Zerfall preisgegeben. Nur in Havanna bemüht man sich mittlerweile, die alten Häuser zu restaurieren.

in einer cubanischen Stadt

🔊 **Disculpe, ¿dónde queda la calle ...?**
(er-/sie-)entschuldige wo (sie-)bleibt die Straße ...
Entschuldigen Sie, wo ist die Straße ...?

🔊 **¿Podría mostrármelo en el mapa, por favor?**
(er-/sie-)könnte zeigen-mir-es in der Karte wg. Gefallen
Könnten Sie es mir bitte auf der Karte zeigen?

🔊 **¿Cuánto falta para ...?** **¿Dónde está ...?**
wieviel (es-)fehlt für ... *wo (er-/sie-)ist ...*
Wie weit ist es bis ...? Wo ist ...?

🔊 **Queda muy cerca.** 🔊 **Está aquí a la vuelta.**
(er-/sie-)bleibt sehr nahe *(er-/sie-)ist hier zu die Drehung*
Es ist ganz in der Nähe. Es ist gleich hier um die Ecke.

🔊 **Es la tercera calle a la izquierda después del cruce grande.**
(sie-)ist die dritte Straße zu die linke nach von-die Kreuzung große
Es ist die dritte Straße links nach der großen Kreuzung.

🔊 **Está lejos, a unos nueve cuadras de aquí.**
(er-/sie-)ist weit zu einige neun Blocks von hier
Es ist weit, ungefähr neunhundert Meter von hier.

a la izquierda	(nach) links	**a la derecha**	(nach) rechts
derecho, recto	geradeaus	**enfrente de**	gegenüber
atrás	zurück	**al lado de**	neben
delante de	vor	**detrás de**	hinter
arriba	oben, hinauf	**abajo**	unten, hinunter
aquí, acá	hier	**allí, allá**	dort
por acá	hierhin	**por allá**	dorthin
cerca	nahe (gelegen)	**lejos**	weit (entfernt)
calle (w)	Straße	**plaza**	Platz
cruce (m)	Kreuzung	**esquina**	Ecke
semáforo	Ampel	**barrio**	Viertel

en dirección de	in Richtung ...
en el centro de	im Zentrum von
guagua / terminal / parada	Bus / Busbahnhof / Haltestelle
tiquete (m), **boleto**	Fahrschein
chófer, conductor	Busfahrer

mit dem Bus

Diese Transport-
probleme sind auf dem
Land größer als zum
Beispiel in Havanna.
Es gibt Gebiete, in
denen keinerlei Busver-
kehr stattfindet. Das
liegt teilweise an der
mangelnden Benzin-
versorgung sowie an
schlechter Ersatzteil-
beschaffung.

Der öffentliche Transport ist im ganzen Land ein großes Problem. Busse sind grundsätzlich überfüllt. Die Abfahrtszeiten werden nicht gerade korrekt eingehalten. Die gleichen Probleme gibt es auch bei allen anderen Verkehrsmitteln (Taxi, Zug usw.).

Die besten Möglichkeiten sind Touristentaxis oder Leihwagen, weil diese Transportmöglichkeiten relativ günstig sind. Verboten ist es, sich ein Auto von Privatleuten (d. h. auch von Freunden) zu leihen. Für Kurzstrecken lohnt es sich, ein Mofa zu mieten.

Wenn man mit öffentlichen Bussen reisen möchte, sollte man sich auf Verspätungen, Ausfälle und Überfüllung einstellen. Als Alternative gibt es auch Touristenbusse, die man vorzeitig reservieren und für die man in pesos convertibles zahlen muss.

¿Cuándo llega la guagua?
wann (sie-)ankommt die Bus
Wann kommt der Bus?

¿Dónde para la guagua?
wo (sie-)anhält die Bus
Wo hält der Bus?

¿Dónde puedo comprar los tiquetes?
wo (ich-)kann kaufen die Fahrscheine
Wo kann ich Fahrscheine kaufen?

¿A qué hora sale la próxima guagua para Cienfuegos?
zu was Stunde (sie-)weggeht die nächste Bus für Cienfuegos
Um wie viel Uhr fährt der nächste Bus nach Cienfuegos ab?

¿Disculpe, de dónde sale la guagua para Varadero?
verzeihe(-er/-sie) von wo (sie-)weggeht die Bus für Varadero
Entschuldigung, von wo fährt der Bus nach Varadero?

¡Bajamos!
(wir-)aussteigen
Wir steigen aus!

¿Queda campo?
(es-)bleibt Platz
Ist noch was frei?

No hay lugar.
nicht (es-)gibt Platz
Es ist kein Platz frei.

¿Dónde está la próxima parada de las guaguas para Santa Clara?
wo (sie-)ist die nächste Haltestelle von die Busse für Santa Clara
Wo ist die nächste Haltestelle der Busse nach Santa Clara?

mit dem Taxi

Es empfiehlt sich aber immer, im Voraus zu fragen, was die Fahrt in etwa kosten wird, damit einem böse Überraschungen erspart bleiben. Am einfachsten ist es, das Taxi im Hotel zu organisieren oder auf der Straße anzuhalten.

Auf Cuba gibt es verschiedene Arten von Taxis. Taxis, die für die Einheimischen bestimmt sind, werden in pesos cubanos bezahlt und verfügen nicht immer über ein Taxameter. Sie dürfen durchaus auch Ausländer befördern. Die Touristen-Taxis sind besonders gekennzeichnet, müssen in pesos convertibles bezahlt werden und sind immer mit Taxametern ausgestattet. Einheimische dürfen sie ebenfalls benutzen, sofern sie das erforderliche Zahlungsmittel besitzen.

¿Puede encender el taxímetro, por favor?
(er-/sie-)kann anzünden der Taxameter wg. Gefallen
Können Sie bitte den Taxameter einschalten?

¿Cuánto cuesta / vale un tour para este hotel?
wieviel (er-)kostet / (er-)gilt ein Tour für dieser Hotel
Wie viel kostet die Fahrt zu diesem Hotel?

¿Porqué tanto?   **Es muy caro.**
warum soviel   *(es-)ist sehr teuer*
Warum soviel?   Das ist zu teuer.

¡Pero éste no es el camino correcto!
aber dieser nicht (er-)ist der Weg korrekt
Aber das ist nicht der richtige Weg!

¡Aquí me quedo!   **¡Pare aquí, por favor!**
hier mich (ich-)bleibe   *halte(-er-/sie) hier wg. Gefallen*
Ich steige hier aus!   Halten Sie bitte hier an!

mit dem Auto

Auf Cuba gibt es sehr wenige private Autos. Einige verdiente Altrevolutionäre haben einen Lada aus sowjetischer Produktion, sonst gibt es noch amerikanische Straßenkreuzer aus der Zeit vor der Revolution. Diese werden liebevoll gepflegt und sind mitverantwortlich für das typische Flair von Havannas Straßenbild.

Viele Straßen sind in einem sehr schlechten Zustand. Dazu kommt, dass sich die meisten Verkehrsteilnehmer nicht besonders an die Verkehrsregeln halten: also vorsichtig fahren!

   Touristen können sich relativ preiswert einen Wagen mieten. Man sollte einen internationalen Führerschein mitnehmen.

¿Cuánto tiempo necesitamos para ir hasta allá?
wieviel Zeit (wir-)brauchen für gehen bis dort
Wie lange brauchen wir, um dorthin zu kommen?

¿Podría mostrármelo en el mapa, por favor?
(er-/sie-)könnte zeigen-mir-es in der Karte wegen Gefallen
Könnten Sie es mir bitte auf der Karte zeigen?

¿Cuánto falta para ...?   **Está muy cerca / lejos.**
wieviel (es-)fehlt für   *(es-)ist sehr nahe / fern*
Wie weit ist es bis ...?   Es ist sehr nah / weit.

¿Dónde puedo rentar un carro?
wo (ich-)kann mieten ein Auto
Wo kann ich ein Auto mieten?

¿A cuántos kilómetros está...?
zu wieviele Kilometer (es-)ist
Wie viele Kilometer sind es bis ...?

Unterwegs

Tanken ist auf Cuba sehr kompliziert. Einheimische bekommen eine monatliche Ration Benzin zugeteilt (ca. 15 l). Touristen können an öffentlichen Tankstellen gegen pesos convertibles *tanken, oder auch Benzingutscheine einlösen, die man z. B. in den Hotels bekommt. Die Benzinversorgung für Touristen ist bisher kein Problem gewesen.*

¿El seguro y los impuestos ya están incluidos en el precio?

der Versicherung und die Steuern schon (sie-)sind eingeschlossene in der Preis

Sind die Versicherung und die Steuern schon im Preis enthalten?

calle (w) / **carretera**	Straße / Landstraße
camino	Weg
alquilar	mieten
tarjeta de crédito	Kreditkarte
manejar, conducir	(Auto) fahren
doblar a la izquierda / a la derecha	nach links / rechts abbiegen
frenar / parar	bremsen / anhalten
dar la vuelta	wenden
semáforo / cruce (m)	Ampel / Kreuzung
mal estacionado	falsch geparkt
placa	Nummernschild
licencia (de conducir)	Führerschein

Die Entfernungen zwischen den einzelnen Tankstellen können auf dem Land sehr groß sein.

bomba (de gasolinera)	Tankstelle
gasolina (normal / extra)	Benzin (normal / super)
sin plomo / petróleo	bleifrei / Diesel
aceite (m)	Öl
agua de radiador	Kühlwasser
cambio de aceite	Ölwechsel
nivel (m) **de aceite**	Ölstand
aire en las gomas	Reifendruck
líquido de frenos	Bremsflüssigkeit

¿Lleno, por favor!
voll wegen Gefallen
Volltanken, bitte!

¿Está bien el aire en las gomas?
(er-)ist gut(Umst) der Luft in die Gummis
Ist der Reifendruck in Ordnung?

¿Podría hacerme un cambio de aceite, por favor?
(er-/sie-)könnte machen-mir ein Wechsel von Öl wegen Gefallen
Könnten Sie mir bitte einen Ölwechsel machen?

accidente (m)	Unfall, Panne
taller mecánico	Werkstatt
grúa	Abschleppwagen
remolcar	abschleppen
cargar la batería	Batterie aufladen
pieza de repuesto	Ersatzteil
cambiar	auswechseln
arreglar / ajustar	reparieren / einstellen
revisar	überprüfen

¿Me podría remolcar, por favor?
mich (er-/sie-)könnte abschleppen wegen Gefallen
Könnten Sie mich bitte abschleppen?

El carro no arranca.
der Wagen nicht (er-)startet
Der Wagen springt nicht an.

Sale aceite del motor.
(er-)weggeht Öl vom Motor
Der Motor verliert Öl.

Unterwegs

🖐 **Los frenos no funcionan bien.**

die Bremsen nicht (sie-)funktionieren gut(Umst)

Die Bremsen funktionieren nicht richtig.

arranque (m) **/ batería / freno**	Anlasser / Batterie / Bremse
caja de cambios / claxón (m)	Getriebe / Hupe
radiador (m) **/ filtro de aceite**	Kühler / Ölfilter
filtro de aire / motor / tuerca	Luftfilter / Motor / Mutter
bomba (de agua / de gasolina)	(Wasser- / Benzin-)Pumpe
rueda / neumático, goma	Rad / Reifen
limpiaparabrisas (m)	Scheibenwischer
faro / tornillo / válvula	Scheinwerfer / Schraube / Ventil
carburador (m) **/ bujía**	Vergaser / Zündkerze
lima / martillo / paño	Feile / Hammer / Lappen
llave (w) **de tuercas**	Schraubenschlüssel
destornillador (m)	Schraubenzieher
gata / herramienta / alicate (m)	Wagenheber / Werkzeug / Zange

---

mit dem Zug

Die wichtigste Industrie auf Cuba ist neben dem Tabak- der Zuckerrohranbau. Das Zuckerrohr wird mit alten Frachtwaggons in die Zuckerfabriken transportiert. Dies ist ein sehr eindrucksvolles Bild, das man sich nicht entgehen lassen sollte.

Es gibt auf Cuba ein Eisenbahnnetz, das die ganze Insel umspannt. Die Züge, die auf den längeren Strecken verkehren, sind vergleichsweise komfortabel. Die Tickets werden den Touristen gegen pesos convertibles verkauft. Aber auch so sind die Fahrpreise sehr niedrig.

Die Züge auf Cuba verkehren relativ selten. Als spezielle Attraktion gilt eine Zugreise zwischen Havanna und Matanzas (ca. 100 km, drei Stunden Fahrzeit). Die Strecke ist sehr schön und führt an Wäldern und Stränden entlang.

© Klaus Heidemann@Fotolia.com

Cubas Capitol in Havanna

mit dem Flugzeug

Die Inlandsflüge auf Cuba erreichen nicht den Standard der Europäer, sind aber relativ preiswert. Sie werden oft von Individualtouristen benutzt, die die kleineren Städte auf Cuba bereisen und den beschwerlichen Landweg meiden wollen.

Die Flugzeuge auf den internationalen Verbindungen können als sicher angesehen werden. Über die Sicherheitsstandards der Inlandsflüge sollte man sich vor der Planung des Trips in einem Reisebüro informieren.

CUBANA ist der Name der nationalen Fluggesellschaft. Sie gilt für cubanische Verhältnisse als Hightech-Unternehmen.

Das Wetter auf Cuba

Cuba liegt in den Tropen. Das bedeutet, dass es dort heiß ist und die Sonne jeden Tag scheint. Tagsüber liegen die Temperaturen bei 30°C. Jahreszeiten wie in Europa gibt es nicht, jedoch eine verstärkte Regenperiode im Mai, die Cubaner nennen sie „las lluvias de mayo". Aber auch sonst regnet es oft und viel.

Das Meereswasser hat das ganze Jahr über Badetemperatur.

tiempo	Wetter	**temperatura**	Temperatur
viento	Wind	**tempestad** (w)	Sturm
calor (m)	Hitze	**frío**	Kälte
caliente	warm	**frío**	kalt
sol (m)	Sonne	**lluvia**	Regen
soleado	sonnig	**lluvioso**	regnerisch
rayo	Blitz	**trueno**	Donner
nube (w)	Wolke	**cielo**	Himmel
aire (m)	Luft	**clima** (m)	Klima

Aber diese sollten in den Hotels keine Gefahr darstellen; die lokale Bevölkerung in ihren alten Hütten hat da schon mehr zu befürchten.

Obwohl Cuba in der „Hurricanstraße" liegt, erreichen nur 10 % der Wirbelstürme die Insel.

Hace calor.	Es ist warm.
Hace frío.	Es ist kalt.
Hace viento.	Es ist windig.
Hace buen tiempo / mal tiempo.	Das Wetter ist gut / schlecht.
Hace sol.	Die Sonne scheint.
Hace treinta grados.	Es sind 30 Grad.

Auf dem Lande

„**D**as ist der schönste Flecken Erde, den ich je gesehen habe", sagte Christoph Kolumbus, als er das erste Mal Cuba betrat. Die Wälder auf Cuba sind vielfach unberührte und exotische Natur. Cubas Nationalbaum ist die palma real, die Königspalme, die in jeder Region zu finden ist.

Auf der roten, tonigen Erde Mittelcubas, die das Regenwasser gut hält und damit am fruchtbarsten ist, wachsen Zuckerrohr, Gemüse und wertvolle Hölzer.

norte	Norden	sur	Süden
este	Osten	oeste	Westen

Landschaft

monte (m)	Berg	valle (m)	Tal
bahía	Bucht	finca	Viehfarm
campo	Feld, Land	río	Fluss
cumbre (w)	Gipfel	cueva	Höhle
costa	Küste	mar (m)	Meer
lago	See	camino	Weg

tabaco	Tabak	azúcar (m)	Zucker
coco	Kokos	cacao	Kakao
café (m)	Kaffee	limones (m)	Zitronen
naranjas	Orangen	mandarinas	Mandarinen
maní (m)	Erdnuss	fruta bomba	Papaya
caña de azúcar	Zuckerrohr	zafra	Zuckerrohrernte
guarapo	Zuckerrohrsaft	trapiche (m)	Zuckerrohrmühle

Auf dem Lande

Säugetiere

manatí (m)	Seekuh	**buey**	Ochse
burro	Esel	**mula**	Maultier
caballo	Pferd	**vaca**	Kuh
toro	Stier	**oveja**	Schaf
perro	Hund	**gato**	Katze
conejo	Kaninchen	**liebre** (w)	Hase
ardilla	Eichhörnchen	**cerdo**	Schwein
murciélago	Fledermaus	**cabra**	Ziege

Vögel

tocororo (*Nationalvogel*)	Cubatrogon	**garza blanca**	Silberreiher
pájaro	Vogel	**búho**	Eule
colibrí	Kolibri	**gallo**	Hahn
flamenco	Flamingo	**gallina**	Huhn
pato	Ente	**lora**	großer Papagei
perico	kl. Papagei	**águila**	Adler
pelicano	Pelikan	**canario**	Kanarienvogel
tiñosa	Geier	**sinsonte**	Spottdrossel

Fische / Reptilien

lagarto	Alligator	**lagartija**	Eidechse
serpiente	Schlange	**tiburón**	Hai
trucha	Forelle	**pargo**	Meerbrasse
iguana	Leguan	**caimán**	Kaiman
tortuga	Schildkröte	**caguama**	Riesenschildkröte
anguila	Aal	**pez perro**	Lippfisch

manjuarí: Knochenhecht; Süßwasserfisch mit krokodilähnlichem Kopf

Insekten

hormiga	Ameise	**cucaracha**	Kakerlake
mosquito	Mücke	**mariposa**	Schmetterling
araña	Spinne	**abejón**	Käfer
abeja	Biene	**avispa**	Wespe
mosca	Fliege	**jején**	Sandfliege
alacrán	Skorpion	**mula de diablo, mantis religiosa**	Gottesanbeterin

Pflanzen

palmera	Palme	**árbol**	Baum
palma de coco	Kokospalme	**palma de corcho**	Korkpalme
palma real	Königspalme (*Nationalbaum*)		
bambú	Bambus	**jagüey**	Feigenbaum
jacarandá	Jacaranda	**lotería**	Philodendron
hibiscus	Hibiskus	**orquídea**	Orchidee
rosa	Rose	**helecho**	Farn
mariposa	Schmetterlingsblume; die weiße Blüte gilt als nationales Symbol Cubas		
almácigo	hohes Gras (*spezielles Kaninchen-Futter*)		

am Strand

Varadero, in der Provinz Matanzas etwa 100 km von Havanna gelegen, ist in den letzten Jahrzehnten zum größten Ferienort Cubas herangewachsen. Der 20 km lange Sandstrand zählt zu den schönsten der Welt. Das türkisblaue Meer und der kilometerweite weiße Sandstrand laden zum Baden ein.

In den letzten Jahren hat es sich immer mehr zum Platz ausschließlich für die zahlungskräftigen Touristen entwickelt.

arena / playa / fino	Sand / Strand / fein
blanco / azul	weiß / blau
mar (m)	Meer
isla / península	Insel / Halbinsel
hotel (m)	Hotel
recepción (w)	Rezeption
turismo / turista	Tourismus / Tourist(in)
espectáculo, show	Show, Cabaret, Revue
animación (w)	Animation
actividades náuticas	Wassersportarten
patas de rana	Schwimmflossen
bicicleta	Fahrrad
cantinero	Barkeeper

🎵 **Qué playa tan impresionante, ¿verdad?**
was Strand so beeindruckend Wahrheit?
Ist der Strand nicht sehr beeindruckend?

🎵 **Pues sí, la arena es muy fina y el agua es azul transparente.**
also ja die Sand (sie-)ist sehr feine und der Wasser (sie-)ist blau durchscheinend
Ja sicher, der Sand ist sehr fein und das Wasser ist blau und klar.

🎵 **¿Tienes todo incluído en el viaje?**
(du-)hast alles eingeschlossen in der Reise
Ist bei deiner Reise alles inklusive?

🎵 **No, sólo el desayuno. ¿Y tú?**
nein nur der Frühstück und du
Nein, nur mit Frühstück. Und du?

🎵 **Sí, todo.**
ja alles
Ja, alles.

Einkaufen

Auf Cuba gibt es noch das „gute" alte Rationierungssystem. Bestimmte Dinge wie z. B. Zucker, Speiseöl, Schuhe und Kleidung erhalten die Cubaner nur auf libreta (Rationierungskarte). Die Geschäfte sind so gut wie leer, was aber auch teilweise auf den Handelsboykott durch die USA zurückzuführen ist.

Für Alte, Kranke, Kinder und Schwangere gibt es unter der Bezeichnung dieta Sonderzuteilungen.

Für Touristen gibt es jedoch alles zu kaufen. Die Hotels haben spezielle Geschäfte, um ihre Kunden mit allem zu versorgen. In größeren Städten findet man Devisengeschäfte, diplo tiendas genannt, die für pesos convertibles so gut wie alles verkaufen, was man auch in Deutschland kaufen kann. Die Preise sind relativ niedrig, auch für Importwaren.

Wenn die Cubaner etwas benötigen, so kaufen sie es meist auf dem offiziell verbotenen Schwarzmarkt.

Die in einzelne Coupons eingeteilten und jedes Jahr neu ausgestellten Hefte funktionieren nach einem komplizierten System von Buchstaben- und Zahlenkombinationen.

In Touristenzonen kann man auch mit Euro bezahlen.

Es entwickeln sich auch kleine private Bauernmärkte. Die Händler wollen dort natürlich am liebsten Hartwährung, und ein wenig Handeln gehört hier zum Geschäft.

🔊 **¡Pase adelante!**
vorbeigehe(-er/-sie) vorwärts
Treten Sie näher!

🔊 **Sólo quiero ver.**
nur (ich-)will sehen
Ich möchte mich nur umsehen.

🔊 **¿Este producto está hecho a mano?**
dieser Produkt (er-)ist gemacht zu Hand
Ist dieses Produkt handgemacht?

Einkaufen

¿Cuánto vale la hamaca?
wieviel (sie-)gilt die Hängematte
Wie viel kostet die Hängematte?

Es una oferta.
(sie-)ist eine Angebot
Das ist ein Angebot.

Me parece muy caro.
mir (es-)scheint sehr teuer
Das erscheint mir sehr teuer.

¿No hay algo más barato?
nicht (es-)gibt etwas mehr billig
Gibt es nichts Billigeres?

Es demasiado caro.
(es-)ist übermäßig teuer
Das ist zu teuer.

¿Podemos negociar?
(wir-)können verhandeln
Können wir verhandeln?

Quiero probarme esta camisa, por favor.
(ich-)will probieren-mir diese Hemd wegen Gefallen
Ich möchte gerne dieses Hemd anprobieren.

Kleidung			
brasier	BH	**falda**	Rock
blusa	Bluse	**sandalias**	Sandalen
camisa	Hemd	**zapatos**	Schuhe
pantalón	Hose	**medias**	Socken
sombrero	Hut	**ropa interior**	Dessous
chaqueta	Jacke	**calzones**	Damenslip
vestido	Kleid	**calzoncillos**	Herrenslip
ropa	Kleidung	**camiseta**	T-Shirt
suéter	Pullover	**pañuelo**	Tuch

¿Dónde puedo comprar...?
wo (ich-)kann kaufen
Wo bekomme ich...?

¿Llegó mucha mercancía?
(sie-)kam viele Ware
Ist viel Ware gekommen?

🐚 **No, lo mismo de siempre.**

nein das selbe von immer

Nein, es ist immer dasselbe.

negocio / tienda	Handel, Geschäft / Laden
oferta	Angebot
ganga	Schnäppchen
calidad (w)	Qualität
cantidad (w)	Menge
barato / caro	preiswert / teuer
hecho a mano	handgemacht
abierto / cerrado	geöffnet / geschlossen
ofrecer / necesitar	anbieten / brauchen
comprar / vender	kaufen / verkaufen
cambiar / negociar	tauschen, wechseln / (ver)handeln
hacer cola / coleros	Schlange stehen / bezahlte Schlangesteher
mercado / supermercado	Markt / Supermarkt
mercado negro	Schwarzmarkt
bodega	Laden zum Einkaufen mit der Libreta

¿Pedro, hay mucha cola?

Pedro (es-)gibt viele Schwanz

Pedro, gibt es eine lange Schlange?

Claro, la cola es inmensa.

klar die Schwanz (sie-)ist immens

Ja, die Schlange ist riesig.

Einkaufen

Havanna

Einkaufsliste			
aguja	Nadel	**jabón** (m)	Seife
batería	Batterie	**libro**	Buch
bombilla	Glühbirne	**mapa** (m)	Landkarte
candela	Kerze	**papel sanitario**	Toilettenpapier
caset (m)	Kassette	**pasta dental**	Zahncreme
cepillo dental	Zahnbürste	**peine** (m)	Kamm
cigarillos	Zigaretten	**película**	Film
crema, loción (w)	Creme	**perfume** (m)	Parfüm
disco compacto	CD	**periódico**	Zeitung
revista	Zeitschrift	**preservativo, condón**	Kondom
fósforos	Streichhölzer	**rasador** (m)	Rasierer
gafas para el sol	Sonnenbrille	**repelente** (m)	Insektenschutz
hilo	Garn	**tijera**	Schere
hoja de afeitar	Rasierklinge	**toalla sanitaria**	Damenbinden

Fotografieren

Fotografieren ist auf Cuba recht problemlos. Wie überall, sollte man vorher fragen, ehe man Menschen fotografiert. Normalerweise haben die Cubaner nichts dagegen.

Auf jeden Fall verboten ist das Fotografieren von militärischen Anlagen.

🔊 **Por favor, ¿me permite tomarle una foto?**
wegen Gefallen mir (er-/sie-)erlaubt nehmen-ihm/ihr eine Foto
Darf ich ein Foto von Ihnen machen?

🔊 **¿Es posible tomar una foto?**
(es-)ist möglich nehmen eine Foto
Ist es möglich zu fotografieren?

🔊 **Por favor, ¿pueden revelarme esta película?**
wegen Gefallen (sie-)können entwickeln-mir diese Film
Können Sie mir bitte diesen Film entwickeln?

🔊 **¿Cuándo va a estar listo?**
wann (sie-)geht zu sein fertig
Wann wird er fertig sein?

cámara / cámara de video	Fotoapparat / Videokamera
cámara digital	Digitalkamera
objetivo flash (m) **/ trípode** (m)	Objektiv / Blitz / Stativ
película en color	Farbfilm
foto (w) **/ diapositivo**	Foto / Dia
tomar una foto / filmar / revelar	fotografieren / filmen / entwickeln
negativo / copia	Negativ / Abzug

Bank

Bargeld sowie Reiseschecks von europäischen Bankn sind zu empfehlen. US-Reiseschecks / Kreditkarten werden aber nicht akzeptiert.

Cuba hat gleich zwei Währungen. Für den Alltagsgebrauch der Einheimischen ist der peso cubano bestimmt. Als Tourist kann man ihn höchstens für Kleineinkäufe benutzen.

Die zweite Währung ist der an den Dollar gekoppelte peso convertible (im Volksmund chavito). Er gilt auf Cuba als Hartwährung. Mit ihm bezahlen nicht nur die Touristen, sondern auch Cubaner, die Luxusgüter erwerben wollen. Auch Wirtschaftsvorgänge werden auf Cuba in dieser Währung abgerechnet. Trotz seines Namens ist er nicht wirklich konvertibel, da er im Ausland normalerweise nicht getauscht werden kann.

Bis 2004 war der US-Dollar amtliches Zahlungsmittel für Luxusgüter und für Touristen auf Cuba. Danach wurde er vollständig durch den peso convertible ersetzt.

banco / caja	Bank / Kasse
cheque (m) de viajero	Reisescheck
cambio	Wechselkurs
monedas / billetes (m)	Münzen / Scheine
cuenta / monto	Konto / Betrag
transferencia	Überweisung
tarjeta de crédito	Kreditkarte

Es gibt zwar einige Geldautomaten, diese können aber – wenn überhaupt – nur zur Barabhebung von der Kreditkarte benutzt werden, nicht jedoch mit der Maestrocard.

🗩 **Quiero cambiar ...**
(ich-)will umtauschen ...
Ich möchte ... umtauschen.

🗩 **¿Puedo cambiar dinero / cheques de viajero aquí?**
(ich-)kann wechseln Geld / Schecks von Reisender hier
Kann ich hier Geld / Reiseschecks wechseln?

Post & Telefon

Der Service der cubanischen Post ist nicht besonders gut. Ein Brief nach Deutschland ist ca. vier Wochen unterwegs. Manchmal verschwindet Post auch auf diesem langen Weg. Ein Teil der Post wird eventuell von staatlichen Stellen mitgelesen. Dies gilt natürlich nicht für normale Urlaubspostkarten.

Briefmarken, Umschläge usw. bekommt man bei der Post oder im Hotel.

correo / correo aéreo	Postamt / Luftpost
carta / sobre (m)	Brief / Briefumschlag
sello	Briefmarke
tarjeta postal	Postkarte
paquete (m) **/ peso**	Paket / Gewicht
fax (m) **/ telegrama** (m)	Fax / Telegramm
mandar, enviar	schicken, aufgeben

🔊 **¿Cuánto cuesta enviar esta carta para Alemania?**
wieviel (es-)kostet schicken diese Brief für Deutschland
Wie viel kostet es, diesen Brief nach Deutschland zu schicken?

🔊 **¿Cuánto demora una carta para Alemania?**
wieviel (sie-)verzögert eine Brief für Deutschland
Wie lange braucht ein Brief nach Deutschland?

🔊 **Necesito ... sellos / sobres / tarjetas postales.**
(ich-)brauche ... Briefmarken / Briefumschläge / Postkarten.
Ich brauche ... Briefmarken / Umschläge / Postkarten.

Das nationale Telefon-system wird allmählich modernisiert. Von Privatanschlüssen kann man ins Ausland nur über die Vermitt-lung telefonieren. Dies gilt nicht für Hotel-anschlüsse.

Es gibt die unterschied-lichsten Arten von öffentlichen Telefonen: mit Münzen oder mit Telefonkarte; mit peso cubano oder peso convertible zu bezahlen; lokal, national oder inter-national. Auslands-gespräche sind grundsätzlich nur mit Telefonkarte und gegen pesos convertibles möglich.

Triband-Handys können fast überall benutzt werden, die Roaming-Gebühren für Auslandsgespräche sind aber sehr hoch.

telefonieren

teléfono / garita	Telefon / Telefonzelle
llamada / operadora	Anruf / Vermittlung
directorio telefónico	Telefonbuch
llamar / hablar	anrufen /
por teléfono	telefonieren
ocupado / equivocado	besetzt /
	falsch verbunden
nadie contesta	es antwortet niemand
marcar / colgar	wählen / auflegen
tarjeta telefónica	Telefonkarte
teléfono móvil /	Handy
celular	

¡Permítame una llamada por favor!
erlaube(-er/-sie)-mir eine Anruf wegen Gefallen
Darf ich bitte mal telefonieren?

Das Gespräch beginnt man am besten mit der Frage:

¿Con quién hablo?
mit wer (ich-)spreche
Mit wem spreche ich?

¿De parte de quién?
von Seite von wer
Wer spricht da?

¿Disculpe, Juan Carlos se encuentra?
entschuldige(-er/-sie) Juan Carlos sich (er-)befindet
Entschuldigung, ist Juan Carlos da?

¿Podría dejarle un mensaje, por favor?
(er-/sie-)könnte lassen-ihm ein Nachricht wg. Gefallen
Könnten sie ihm wohl etwas ausrichten?

Behörden & Ämter

In der Regel werden Touristen bei den Behörden sehr zuvorkommend behandelt. Trotzdem muss man damit rechnen, dass alles sehr lange dauert. „Beschleunigungen" durch kleine Geldbeträge sind möglich, aber nicht immer ohne Risiko. Bei überzeugten „Revolutionären" ist es nicht ratsam.

entrada / salida	Einreise / Ausreise
oficina / embajada	Büro / Botschaft
solicitud (w) **/ firma**	Antrag / Unterschrift
documento / pasaporte	Dokument / Reisepass
número de pasaporte	Passnummer
nombre (m) **/ apellido**	Vorname / Nachname
fecha / lugar (m) **de nacimiento**	Geburtsdatum / -ort
visa / control (m) **de pasaporte**	Visum / Passkontrolle
nacionalidad (w)	Staatsangehörigkeit
aduana / declaración (w)	Zoll(amt) / Zollerklärung

Touristen benötigen für die Einreise nach Cuba kein Visum. Wenn man weniger als einen Monat im Land bleibt, reicht die tarjeta de turista *(Touristenkarte) aus, die man bei der Buchung über das Reisebüro erhält. Individualreisende müssen sie bei der cubanischen Botschaft beantragen. Außerdem ist ein gültiger Reisepass,* un pasaporte válido, *erforderlich.*

🎝 **Usted tiene que llenar este formulario.**
Sie (er-/sie-)hat dass füllen dieser Formular
Sie müssen dieses Formular ausfüllen.

🎝 **Firme aquí, por favor.**
unterschreibe(-er/-sie) hier wegen Gefallen
Unterschreiben Sie bitte hier.

Polizei

Im Allgemeinen sind Polizisten zu Touristen recht freundlich. Man kann sie ohne Probleme um Auskunft oder Hilfe bitten.

Werden Touristen mit illegalem Material wie z. B. Drogen, Sprengstoff oder ähnlichem angetroffen, werden sie meist sofort des Landes verwiesen. Vor dem Kauf von Drogen kann nur gewarnt werden, weil das sehr unangenehme Konsequenzen nach sich ziehen kann.

policía / agente (m)	Polizei / Polizeibeamter
puesto de policía	Polizeiwache
brigada de respuesta rápida	schnelle Eingreiftruppe
crimen (m) **/ drogas**	Verbrechen / Drogen
asalto / robo / pérdida	Überfall / Raub / Verlust
ladrón (m) **/ ratero**	Dieb / Taschendieb
seguro	Versicherung
denuncia / denunciar	Anzeige / anzeigen
cuchillo / pistola	Messer / Pistole
amenazar / molestar	bedrohen / belästigen
perder / robar	verlieren / rauben
lastimar, herir	verletzen

🔊 **Me han robado todo.**
mir (sie-)haben geraubt alles
Ich bin total ausgeraubt worden.

🔊 **¡Por favor, ayúdeme!**
wegen Gefallen (er-/sie-)helfe-mir
Bitte helfen Sie mir!

🔊 **He perdido mis documentos, mi dinero, mi equipaje.**
(ich-)habe verloren meine Dokumente mein Geld mein Gepäck
Ich habe meine Papiere, mein Geld und mein Gepäck verloren.

🔊 **Por favor, quisiera hacer una denuncia.**
wegen Gefallen (ich-)würde-wollen machen eine Anzeige
Ich möchte Anzeige erstatten.

Krank sein

Das Gesundheitssystem auf Cuba hatte jahrelang den Ruf, das beste in ganz Lateinamerika zu sein. Es war kostenfrei für jeden, und die Arztdichte war besonders hoch. Unter der Wirtschaftskrise hat auch dieses System gelitten. Wichtige Arzneimittel, die zuvor aus der Sowjetunion bezogen wurden, sind aufgrund des Devisenmangels knapp geworden.

Die medizinische Versorgung für Touristen ist jedoch zufriedenstellend.

In den letzten Jahren hat sich die Lage aufgrund der Kooperation mit dem ölreichen Venezuela wieder ein wenig entspannt, und cubanische Ärzte sind wieder in anderen lateinamerikanischen Ländern tätig. Allerdings fehlen diese Ärzte in der Heimat.

médico / dentista / especialista	Arzt / Zahnarzt / Facharzt
consulta / tratamiento	Untersuchung / Behandlung
hospital, clínica / ambulancia	Krankenhaus / Krankenwagen
cruz roja / primer auxilio	Rotes Kreuz / erste Hilfe
análisis de sangre / radiografía	Blutprobe / Röntgenaufnahme
inyección / vacunación / vendaje	Spritze / Impfung / Verband
farmacia / medicina	Apotheke / Medizin
receta / certificado médico	Rezept / ärztl. Bescheinigung
pastillas / gotas / pomada	Tabletten / Tropfen / Salbe

🔊 **¡Por favor, llame a un médico, rápido!**
wegen Gefallen rufe(-er/-sie) zu ein Arzt schnell
Bitte rufen Sie schnell einen Arzt!

🔊 **¿Dónde hay una farmacia / una clínica?**
wo (es-)gibt eine Apotheke / eine Klinik
Wo gibt es eine Apotheke / ein Krankenhaus?

Krank sein

🕯️ **Tuve un accidente.**
(ich-)hatte ein Unfall
Ich hatte einen Unfall.

🕯️ **Estoy herido / herida.**
(ich-)bin verletzt(m/w)
Ich bin verletzt.

🕯️ **Me siento muy mal.**
mich (ich-)fühle sehr schlecht
Ich fühle mich sehr schlecht.

🕯️ **¿Dónde le duele?**
wo ihm/ihr (es-)schmerzt
Wo haben Sie Schmerzen?

Me duele el / la ...
mir (es-)schmerzt der / die ...
Ich habe ...-schmerzen

🕯️ **Me duele la cabeza.**
mir (es-)schmerzt die Kopf
Ich habe Kopfschmerzen.

asma / irritación / herida	Asthma / Ausschlag / Wunde
enfermedad / fractura	Krankheit / Knochenbruch
inconciente / sano / enfermo	bewusstlos / gesund / krank
vómitos / diarrea	Erbrechen / Durchfall
vomitar	sich erbrechen
inflamación / resfriado	Entzündung / Erkältung
catarro / vértigo, mareo	Schnupfen / Schwindel
fiebre amarilla / hepatitis	Gelbfieber / Hepatitis
úlcera / infección / fiebre	Geschwür / Infektion / Fieber
tos (con sangre)	Husten (mit Blut)
dolor (al orinar)	Schmerz (beim Wasserlassen)
dolor de cabeza / dolor de oído	Kopf- / Ohrenschmerzen
dolor de ojos / dolor de estómago	Augen- / Bauchschmerzen
dolor de muelas	Zahnschmerzen
paludismo, malaria / hongos	Malaria / Pilze
tétano / tifus	Tetanus / Typhus
quemadura / quemadura de sol	Verbrennnung / Sonnenbrand
náusea / estreñimiento	Übelkeit / Verstopfung
diabetes / diabético	Diabetes / zuckerkrank

Auf Cuba gibt es derzeit kein Gelbfieber, Cholera, Malaria oder Typhus. Eine Bedrohung stellt jedoch das Dengue-Fieber dar, eine Viruserkrankung, die von blutsaugenden Moskitos übertragen wird.

Symptome von Dengue sind Fieber, starke Augenschmerzen, Nasenbluten, Übelkeit und Erbrechen.
Die Krankheit ist leicht übertragbar.

Es wird erwartet, dass Touristen für die Behandlung bezahlen, was meist kein Problem ist, da sie sowieso eine Versicherung haben.

Körperteile

brazo	Arm	**hueso**	Knochen
ojo	Auge	**cabeza**	Kopf
estómago	Bauch	**hígado**	Leber
pierna	Bein	**labio**	Lippe
apéndice (m)	Blinddarm	**pulmón**	Lunge
sangre (w)	Blut	**boca**	Mund
pecho	Brust	**músculo**	Muskel
intestinos	Darm	**nuca**	Nacken
dedo	Finger	**nariz** (w)	Nase
pie (m)	Fuß	**nervio**	Nerv
cara	Gesicht	**riñón** (m)	Niere
cuello	Hals	**oreja**	Ohr
mano (w)	Hand	**garganta**	Rachen
vejiga	Harnblase	**costilla**	Rippe
piel (w)	Haut	**frente** (w)	Stirn
corazón (m)	Herz	**columna vertebral**	Wirbelsäule
rodilla	Knie	**diente** (m)	Zahn
rótula	Kniescheibe	**lengua**	Zunge

🔊 **Me mordió una culebra.**
mich (sie-)biss eine Schlange
Mich hat eine Schlange gebissen.

Krank sein

🗩 **Me fracturé el pie.**
mir (er-)brach der Fuß
Ich habe den Fuß gebrochen.

Fui picado / picada.
(ich-)war gestochen(m/w)
Ich bin gestochen worden.

🗩 **Tengo la tensión alta / baja.**
(ich-)habe die Druck hohe / niedrige
Ich habe hohen / niedrigen Blutdruck.

🗩 **Estoy embarazada.**
(ich-)bin schwangere
Ich bin schwanger.

🗩 **Tengo una alergia contra...**
(ich-)habe eine Allergie gegen
Ich habe eine ...-Allergie.

¿Ha sido Usted vacunado / vacunada contra el tétano?
(er/sie-)hat gewesen Sie geimpft(m/w) gegen der Tetanus
Sind Sie gegen Wundstarrkrampf geimpft?

🗩 **Desde hace tres días tengo fiebre / diarrea.**
seit (es-)macht drei Tage (ich-)habe Fieber / Durchfall
Seit drei Tagen habe ich Fieber / Durchfall.

🗩 **Tome Usted diez gotas diárias / tres veces al día.**
nehme(-er/sie) zehn Tropfen tägliche / drei Male zu-dem Tag
Nehmen Sie täglich / dreimal täglich zehn Tropfen.

🗩 **Usted tiene que tomar una pastilla cada cuatro horas.**
Sie (er-/sie-)hat dass nehmen eine Tablette jede vier Stunden
Sie müssen alle vier Stunden eine Tablette nehmen.

🗩 **Necesito un recibo con el diagnóstico detallado para mi seguro.**
(ich-)brauche ein Quittung mit der Diagnose detailliert für mein Versicherung
Ich brauche eine Quittung mit einer ausführlichen Diagnose
für meine Krankenversicherung.

Klinik in Santiago de Cuba

Apotheke

laxante (m) **/ antibiótico**	Abführmittel / Antibiotikum
farmacia / aspirina	Apotheke / Aspirin
tela adhesiva	Heftpflaster
medicina, remedio	Medikament
venda de gasa / curita / receta	Mullbinde / Pflaster / Rezept
pomada / bronceador (m)	Salbe / Sonnencreme
pastilla, tableta, comprimido	Tablette
termómetro / gota	Thermometer / Tropfen
venda / supositorio	Verband / Zäpfchen

☞ **Necesito algo contra el dolor de cabeza.**
(ich-)brauche etwas gegen der Schmerz von Kopf
Ich brauche etwas gegen Kopfschmerzen.

Angesichts der Versorgungsmängel in den Apotheken ist es zu empfehlen, Medikamente in ausreichender Menge mitzubringen.

Auch eine kleine Reiseapotheke sollte Schmerzmittel und Durchfallmittel enthalten.

Toilette

Mit einem Smartphone können Sie sich die mit einem 🎵 gekennzeichneten Sätze dieses Kapitels anhören.

Da es auf Cuba oft kein Toilettenpapier gibt, sollte man immer welches mitnehmen, wenn man sich außerhalb der Touristenhotels bewegt.

servicio, baño	Toilette
papel sanitario	Toilettenpapier
ocupado / libre	besetzt / frei
damas / caballeros	Damen / Herren

Tengo que ir al baño.
(ich-)habe dass gehen zum Bad
Ich muss mal.

🎵 **¿Dónde está el baño, por favor?**
wo (er-)ist der Bad wegen Gefallen
Wo ist die Toilette, bitte?

🎵 **¿Usted puede prestarme el servicio, por favor?**
Sie (er-/sie-)kann leihen-mir der Toilette wegen Gefallen
Kann ich Ihre Toilette benutzen?

🎵 **Falta el papel higiénico.**
(er-)fehlt der Papier hygienisch
Das Toilettenpapier fehlt.

🎵 **¿Tiene Usted jabón y una toalla, por favor?**
(er-/sie-)hat Sie Seife und eine Handtuch wg. Gefallen
Haben Sie bitte Seife und ein Handtuch?

Liebe & Sex

Die Bedeutung von Liebe und Sex hat sich auf Cuba in den letzten Jahren stark gewandelt. Mit der Öffnung des Landes kam auch die (verbotene) Prostitution, die sich seither immer stärker ausbreitet. Als Tourist(in) sollte man Liebesschwüre nicht zu ernst nehmen.

amor / amar, querer	Liebe / lieben
enamorarse	sich verlieben
cariño / cariñoso	Zärtlichkeit / zärtlich
abrazo / abrazar	Umarmung / umarmen
beso / besar	Kuss / küssen

Te quiero.
dich (ich-)will
Ich liebe dich.

Te amaré por siempre.
dich (ich-)werde-lieben durch immer
Ich werde dich für immer lieben.

Nunca voy a olvidarte.
niemals (ich-)gehe zu vergessen-dich
Ich werde dich niemals vergessen.

Tu me haces falta.
du mir (du-)machst Fehlen
Du fehlst mir.

Te extraño mucho.
dich (ich-)vermisse viel
Ich vermisse dich sehr.

¿Quieres hacer el amor?
(du-)willst machen der Liebe
Möchtest du mit mir schlafen?

¿Tienes preservativos?
(du-)hast Präservative?
Hast du Kondome?

¡Déjame en paz! **¡Largo de aquí!**
lass(-du)-mich in Frieden *lang von hier*
Lass mich in Ruhe! Hau ab!

Schimpfwörter

Spanisch ist reich an sehr kräftigen Flüchen und Schimpfworten. Diese werden auch häufig und gerne verwendet. Jedoch sollte man Kraftausdrücke nur dann selbst benutzen, wenn man ihre genaue Bedeutung kennt und ihre Wirkung richtig einschätzen kann.

Wenn man die cubanischen Schimpfwörter näher studieren möchte, sollte man die solares in den großen Städten aufsuchen. Das sind die Häuserblocks, in denen die Kubaner dichtgedrängt wohnen.

¡Vete al carajo!	Lass mich in Ruhe!
¡No singues!	Verarsch mich nicht!
¡No me molestes!	Lass mich in Ruhe!
¡Váyase! ¡Lárguese!	Hau ab!
¡Déjate de puterías!	Du benimmst dich wie eine Hure.
¡Lárgate! / ¡Caramba!	Verpiss dich! / Verdammt!
¡Echa pa' llá!	Pack mich nicht an!
comemierda / imbécil	Arschloch / Blödmann
maricón, pargo, pato	Schwuler
tortillera / puta	Lesbe / Hure
bocón / hijo de puta	Schwätzer / Hurensohn

Aufgrund der angespannten Situation zwischen Cuba und den USA gelten auch Wörter wie gringo und yanqui als Schimpfwörter.

Die cubanische Bevölkerung teilt sich in zwei große Gruppen auf: die Nachfahren der spanischen Kolonialisten und die Abkömmlinge der afrikanischen Sklaven. Rassenkonflikte gibt es nicht, eine Diskriminierung ist kaum feststellbar.

Cubaner benutzen ganz selbstverständlich die Ausdrücke negros *für Schwarze und* blancos *für Weiße. Dies sind keine Schimpfwörter.*

Cuba und die USA

Die Beziehungen zwischen Cuba und den USA sind seit der Machtübernahme des kommunistischen Regimes unter Fidel Castro im Jahre 1959 sehr gespannt. Nach der fehlgeschlagenen Invasion von Exilcubanern an der Playa Girón (auch Bahía de Cochinos bzw. Schweinebucht) im Jahre 1961 hat sich diese Situation noch verschlimmert.

An den Rand eines Nuklearkrieges wurde die Welt durch die sogenannte Cuba-Krise 1962 gebracht. Die Sowjets wollten unter Chruschtschow auf Cuba Mittelstreckenraketen installieren. Die Amerikaner blockierten die Insel, um den sowjetischen Schiffen den Zugang zu verwehren. Am Ende zogen sich die Sowjets von Cuba zurück.

Seit dem Jahr 1962 besteht ein Handelsem-

Cuba und die USA

Bis heute besitzen die USA einen Flottenstützpunkt auf Cuba, die ungefähr 900 km östlich von Havanna gelegene Bahía de Guantánamo. *Die cubanische Regierung erkennt diese Verhältnisse nicht an, aber der Pachtvertrag kann nur einvernehmlich aufgelöst werden. Notorisch bekannt wurde Guantánamo vor allem durch die unter George W. Bush dort eingerichteten Gefangenenlager für Terrorismusverdächtige.*

bargo der USA gegenüber Cuba. Zur Zeit leben ca. 2 Millionen Cubaner im Exil in den USA. Sie haben einen sehr starken Einfluss in der Politik. In der jüngeren Vergangenheit wurde der wirtschaftliche Druck auf Cuba noch weiter erhöht. So wurde z. B. 1996 der Helms-Burton-Act verabschiedet; dieser umfasst ein Bündel von Gesetzen, die alle das Ziel haben, die Wirtschaft Cubas zu beeinträchtigen. So wird auch Drittländern, die mit Cuba Handel treiben, mit empfindlichen Strafen seitens der USA gedroht.

1980 und 1994 versuchten viele Cubaner, das Land auf kleinen Booten zu verlassen. Daraufhin wurde ein neues Abkommen zwischen Cuba und den USA geschlossen, das festlegt, dass jeder Emigrant wieder zurückzuschicken ist. Im Gegenzug durften 20.000 Cubaner pro Jahr das Land offiziell verlassen.

Estados Unidos	USA
gringo / yanqui	Ami *(verächtlich)*
latino, hispano	Lateinamerikaner
emigrante	Auswanderer, Emigrant
ilegal / legal	illegal / legal
embargo comercial	Handelsembargo

Im Juli 2015 eröffneten die USA eine Botschaft in Havanna. Die Aufhebung des Handelsembargos könnte folgen. Die Umsetzung bleibt abzuwarten.

Guantanamera

Zu guter Letzt ein cubanisches Lied, das fast jeder kennt: Guantanamera. Der Text stammt vom cubanischen Dichter José Martí. Dieser wurde 1853 in Havanna geboren und starb am 19.5.1895 in einer Schlacht gegen die Spanier bei Dos Ríos unweit Bayamo. Er wird als Nationalheld verehrt.

Die Melodie wurde später von Joseíto Fernández geschrieben, der erst 1979 starb.

Das Lied hat viele Strophen; hier werden die ersten beiden wiedergegeben.

Yo soy un hombre sincero
de donde crece la palma
y antes de morirme quiero
echar mis versos del alma.

Ich bin ein aufrichtiger Mensch
von dort, wo die Palmen wachsen,
und bevor ich sterbe, möchte meine
Seele das besingen, was sie quält.

Mi verso es de un verde claro
y de un carmín encendido
mi verso es de un ciervo herido
que busca en el monte amparo.

Mein Lied ist von hellem Grün,
aber auch blutrot wie die Flamme;
mein Lied ist wie ein verwundeter Hirsch,
der Schutz sucht im Wald.

© Flying Tiger@Fotolia.com

Hauptwörter, die nicht die typisch männliche (-o) bzw. weibliche (-a) Endung aufweisen, sind mit (m) bzw. (w) gekennzeichnet.

Unregelmäßige Tätigkeitswörter sind mit einem * gekennzeichnet. Die wichtigsten findet man im Kapitel „Unregelmäßige Verben".

Eigenschaftswörter werden nur in der (männlichen) Grundform aufgeführt.

Abkürzungen:
m *(männlich),*
w *(weiblich),*
Ez *(Einzahl),*
Mz *(Mehrzahl)*

A

Abend tarde (w)
Abendessen cena, comida
aber pero
abfahren (von) salir*(de), irse*(de)
abfliegen (von) salir* en avión (de)
abreisen partir, salir*
abschleppen remolcar
Adresse dirección
Ärger encabronamiento
ärgerlich sein encabronarse
Alkohol alcohol (m)
allein solo
alles todo, por completo
als (zeitl.) cuando;
 (Vergleich) que
alt viejo
Alter (Lebens-) edad (w)
Ampel semáforo
Andenken recuerdo
anfangen comenzar*, principiar, iniciar, empezar*
Angestellte(r) empleada, empleado
Angst miedo, temor (m), pavor (m)
anhalten parar
ankommen llegar (en), arribar
Ankunft llegada
Antwort respuesta, contestación
antworten contestar
Apotheke farmacia
arbeiten trabajar
Arbeiter(in) trabajador(a)
arm pobre
Arm brazo
Arzt médico

auch también;
 a. nicht tampoco
auf (örtl.) sobre
Aufenthalt demora, estancia
aufhören terminar, finalizar
aufstehen levantarse
aufwachen despertarse*
aus de
Ausfuhr exportación
Ausgang salida
ausgezeichnet excelente
Auskunft información, aviso
Ausland exterior (m)
Ausländer / ausländisch extranjero
Ausreise salida
Aussprache pronunciación
aussteigen bajar
Ausstellung exposición (w)
Ausweis pasaporte (m)
ausziehen quitarse
Auto carro, coche (m)

B

Bach riachuelo, cañada
Badeanzug, -hose
 traje de baño (m)
baden bañarse
Badezimmer baño
Bahnhof
 estación (w) de ferrocarril
Bahnsteig andén (m)
bald pronto
Ball balón (m)
Bank (Geld) banco
Bargeld efectivo
Batterie batería
bauen construir
Bauer agricultor, campesino
Baum árbol (m)
beeilen, sich apurarse
beenden terminar, cortar

begleiten acompañar
begrüßen saludar
behandeln atender (m), curar, tratar
Behörde administración (w)
bei con
Beispiel ejemplo
bekanntmachen, sich conocerse*
beleidigen ofender
benachrichtigen informar, avisar
Benzin gasolina
Berg montaña, monte (m)
Beruf profesión (w)
berühmt conocido
beschäftigt ocupado
beschweren, sich quejarse
besichtigen visitar
Besitzer dueño
besser mejor
bestellen ordenar, pedir*
Bestellung orden (w), pedido
bestrafen castigar
Besuch visita
besuchen visitar
betrügen engañar
betrunken borracho
Bett cama, lecho
Bettzeug cubrecama
bevor antes
bewegen mover*
Beweis prueba
bezahlen pagar, cancelar
Bier cerveza
Bild cuadro, pintura
billig barato
Binde venda
bis hasta
bisschen: ein b. un poquito
Bitte ruego
Blatt hoja

bleiben quedarse
Bleistift lápiz (m)
Blume flor (m)
Boot lancha, bote (m)
Bordsteinkante contén (m)
Botschaft embajada
Brand incendio
Brauch costumbre (w)
brauchen necesitar
breit ancho
brennen quemar
Brief carta
Briefmarke sello
Briefumschlag sobre (m)
Brille anteojos (Mz), lentes (m, Mz), gafas (Mz)
bringen traer*
Brot pan (m)
Brücke puente (m)
Bruder hermano
Brust (weibl.) pecho
Buch libro
buchen reservar
Buchstabe letra
bunt de colores
Burg castillo
Bürger ciudadano
Büro oficina
Bus guagua, (auto)bús (m)

C

Chauffeur conductor (m), chófer (m)
Chef jefe (m)
Creme crema, loción (w)

D

da allá
Dach techo
Damenbinde toalla sanitaria
danach después

danke gracias
danken agradecer*
dann entonces
darum por eso
dass que
Datum fecha
dauern durar, tardar
Decke manta
denken pensar*
Denkmal monumento
deshalb por eso, por lo tanto
deutsch alemán
Deutsche(r) alemana, alemán
Deutschland Alemania
Dialekt dialecto, lenguaje (m)
dick gordo
Diebstahl robo
dies esto
diese(r,s) aquel (m)/ aquella (w)
Ding cosa
Diskothek discoteca
Dokument(e) documento
Dolmetscher intérprete (m/w)
Dorf aldea, pueblo
dort allá
dorthin por allá
dringend urgente
dumm tonto
dunkel oscuro, opaco
dünn delgado, flaco
durch (hindurch) a través de
Durchfall diarrea
dürfen poder
Durst sed (w)

E

echt auténtico, genuino

Ehefrau esposa
Ehemann esposo, marido
Ehepaar pareja
Ei huevo
Eigentum propiedad (w)
einander uno al otro
Einbruch robo
einfach simple, fácil
Einfuhr importación (w)
Eingang entrada
einige algunos, algunas
einladen invitar
Einladung invitación
einmal una vez
einsteigen, -treten entrar
einverstanden ¡de acuerdo!
Einwohner habitante (m/w)
Eis (Speise-) helado;
 (Wasser) hielo
Eiter pus (m)
Eltern padres (m, Mz)
empfangen recibir
empfehlen recomendar*
Ende fin (m)
eng angosto
englisch inglés
Enkel(in) nieto, nieta
entscheiden decidir
entschuldigen, sich
 excusarse
Erde tierra
Ereignis evento
Erfolg éxito
erhalten recibir
erholen, sich descansar
erinnern, sich acordarse*,
 recordar*
erkältet sein tener* la gripe
erklären explicar
erlauben permitir
Erlaubnis permiso
Ermäßigung rebajo
Ersatzteil repuesto

erzählen contar*
essen comer
Etage piso, nivel (m)
etwa más o menos
etwas algo

F

Fabrik fábrica
Faden hilo
fahren (reisen) ir*;
 f. (selbst) manejar,
 conducir*
Fahrkarte boleto
Fahrplan horario
Fahrpreis pasaje (m)
Fahrrad bicicleta
Fahrstuhl elevador (m)
Fahrzeug vehículo
falsch falso
Familie familia
Familienname apellido
Farbe color (m)
Farbfilm película en color
faul (Obst) descompuesto;
 (träge) perezoso
Fehler error (m), falla
Feier fiesta
feiern tener* la fiesta
feilschen negociar
Feld terreno
Fenster ventana
Ferien vacaciones
fern lejos
Fernsehgerät televisor (m)
fertig listo, acabado
fest firme
Fest fiesta
Fete pachanga, parranda
feucht mojado
Feuer fuego, incendio
Fieber fiebre (w)
Film película

finden encontrar*
Finger dedo
Fisch pescado, pez (m)
Flasche botella
Fleisch carne (w)
fleißig (muy) trabajador
fliegen volar
flirten coquetear
Flughafen aeropuerto
Flugticket boleto (aéreo)
Flugzeug avión (m)
Fluss río
Formular formulario
Fotoapparat
 cámara fotográfica
Fotografie foto (w)
fotografieren tomar una foto
Frage pregunta
fragen preguntar
Frau mujer (w)
Fräulein señorita
frei libre
fremd extranjero
freuen, sich alegrarse,
 encantarse
Freund(in) amigo, amiga
freundlich amable
Freundschaft amistad (w)
Frieden paz (w)
frieren tener frío
frisch (Obst) fresco
fröhlich alegre
Frucht fruta
früh temprano
Frühling primavera
Frühstück desayuno
frühstücken desayunar
fühlen, sich sentirse*
Führung guiada
für para
fürchten, sich (vor) temer
Fuß pie (m);
 zu F. a pie

G

Gabel tenedor (m)
ganz todo
Garten jardín (m)
Gas gas (m)
Gasse callejón (m)
Gast huésped (m)
Gastfreundschaft hospitalidad (w)
Gastgeber anfitrión (m)
Gaststätte restaurante (m)
Gebäck pasteles (m, Mz)
Gebäude edificio
geben dar*, entregar
Gebirge montaña
Gebühr contribución (w)
Geburtstag cumpleaños (m)
gefährlich peligroso
gefallen gustar, parecer*
Gefängnis cárcel (w)
Gefäß vasija
Gefühl sentimiento
gegen contra
Gegend alrededores (m, Mz)
gegenüber enfrente
Gehalt salario, sueldo
gehen ir*, andar, caminar
Geld dinero, duros (Mz)
Gemüse verdura
gemütlich cómodo
genau exacto
Genosse compañero
genug bastante, suficiente
Gepäck equipaje (m)
geradeaus recto
gern con mucho gusto
Geschäft (Laden) negocio;
  (Tätigkeit) trabajo
Geschenk regalo
Geschichte historia
geschlossen cerrado
Geschwister hermanos (Mz)

Gesellschaft sociedad (w)
Gesetz ley (w)
Gespräch plática, conversación (w)
gestern ayer
gesund sano, de buena salud
Gesundheit salud (w)
Getränk bebida
Gewicht peso
Gewitter tormenta
gewöhnen, sich acostumbrarse a
Gewürz condimento, especia
Gift veneno
Giftschlange culebra venenosa
Glas (Material) vidrio;
  (Trink-) vaso
glauben creer*
gleich (egal) igual;
  (sofort) inmediatamente
Glück suerte (w)
glücklich feliz
Gold oro
Gott Dios (m)
Gramm gramo
Grammatik gramática
Gras pasto
gratulieren felicitar
Grenze frontera
Grippe gripe (w)
groß grande
Größe tamaño
Großmutter/-vater abuela/abuelo
Gruppe grupo
grüßen saludar
gültig válido
gut bueno

H

haben haber*, tener*

Hafen puerto
Hälfte mitad (w)
halten sostener*
Haltestelle parada
Handel comercio
hart duro
hassen odiar
Hauptstadt capital (w)
Haus casa
Hausfrau ama de casa
heben levantar
Heftpflaster cinta adhesiva
heiß caliente
heißen llamarse
helfen ayudar
hell claro
Herbst otoño
Herr señor
herzlich cariñoso
heute hoy
hier aquí
Hilfe ayuda
hinter detrás de
hoch alto
Hochzeit boda
hoffen esperar
höflich cortés
Holz madera
hören oir*, escuchar
Hotel hotel (m), hospedaje (m)
Hunger hambre (w)
hungrig hambriento
Hygiene higiene (w)

I

Idee idea
Illustrierte revista
immer siempre
impfen inyectar, vacunar
Impfung inyección (w), vacunación (w)

in (örtlich) en, adentro de;
  (zeitlich) en
Industrie industria
Information información (w)
informieren, sich
  informarse
Insekt insecto
Insel isla
interessant interessante
interessieren, sich (für)
  interesarse (por)
international internacional
irren, sich equivocarse

ja sí, de acuerdo
Jahr año
Jahreszeit estación (w)
jährlich anual
jede (-r, -s) cada;
  jeder cada uno;
  jedes Mal cada vez
jedoch sin embargo
jemand alguno (m),
  alguna (w)
jener aquel (m), aquella (w)
jetzt ahora
Journalist periodista (m/w),
  journalista (m/w),
jung joven
Junge joven (m)

K

Kaffee café (m)
kalt frío, helado
kaputt roto
Karte mapa (m)
Kasse caja
kaufen comprar
kennen conocer*
Kind niño

Kindergarten círculo infantil
Kino cine (m)
Kirche iglesia
Kleidung ropa, vestidos
Kleid vestido
klein chiquito, pequeño, corto
klug sabio, inteligente
Kneipe cantina
kochen cocinar
Koffer maleta, cofre (m)
kommen llegar, venir*
kompliziert complicado
Kondom condón (m)
können poder
Konsulat consulado
kontrollieren controlar
Konzert concierto
kosten (probieren)
  probar*;
  (Preis) costar*, valer*
kostenlos gratuito
krank enfermo
Krankenhaus clínica,
  hospital (m)
Krankheit enfermedad (w)
kühl fresco
Kühlschrank
  refrigerador (m)
Kunst arte (m)
kunstgewerbliche Waren
  artesanías; cosas típicas (Mz)
kurz corto
küssen besar

L

lächeln sonreír
lachen (über) reírse (de),
  burlarse (de)
Laden tienda, bodega
Lage (geogr.) posición (w)
Laken sábana
Lampe lámpara

Land país (m)
Landkarte mapa (m)
Landschaft paisaje (m)
Landwirtschaft agricultura
lang largo
langsam lento, despacio
langweilig aburrido
laufen correr
laut con voz alta
leben vivir
Leben vida
Lebensmittel
  alimentos (Mz)
Lebensmittelmarkenheft
  libreta
ledig soltero
leer vacío
legen poner*
lehren enseñar
Lehrer(in) maestro, maestra
leicht (einfach) fácil;
  (Gewicht) liviano
leihen, sich (von)
  prestar (de)
lernen aprender
lesen leer
Leute gente (w)
Licht luz (w)
lieben amar, querer
liebenswürdig amable
Lied canción (w)
liegen estar* acostado (-a)
links a la izquierda
Löffel cuchara
Lohn sueldo, salario
lügen mentir*
Lust haben tener ganas
lustig alegre

M

machen hacer*
Machete machete (m)

Mädchen chica, señorita, jovencita
malen pintar
man se, uno
manchmal a veces, de vez en cuando
Mann hombre (m)
Markt mercado
Medikament medicina, remedio
Meer mar (m)
mehr más
Menge cantidad (w)
Mensch hombre (m)
Messer cuchillo
mieten alquiler
Milch leche (w)
Minute minuto
mit con
Mittagessen almuerzo
Mittag mediodía (m)
Mode moda
möglich posible
Monat mes (m)
morgen mañana
Morgen mañana
Motor motor (m)
Motorboot lancha, yate (m)
Motorrad moto (w)
müde cansado
Müll basura
Museum museo
Musik música
müssen tener* que, deber
Mutter madre (w), mamá

N

nach (Richtung) a;
(Zeit) después de
Nachmittag tarde (w)
Nachricht noticia
nächste (-r, -s) próximo;

nächstes Mal
la próxima vez
Nacht noche (m)
nackt desnudo
Nadel aguja
nah cerca
Name nombre (m)
nass mojado
Nationalität
nacionalidad (w)
Natur naturaleza
natürlich natural
neben al lado de
nehmen coger, tomar
nein no
neu nuevo
neugierig curioso
nicht no
nichts nada
niedrig bajo
niemals nunca, jamás
niemand nadie
nirgendwo en ninguna parte
noch todavía, aún;
n. einmal otra vez
Norden norte (m)
normal normal
notwendig necesario
Nummer número
nur sólo, solamente

O

ob si
oben arriba
Obst fruta
oder o
offen abierto
öffnen abrir
oft muchas veces
ohne sin
Öl aceite (m)
Onkel tío

Organ órgano
organisieren organizar
Ort lugar (m)
Osten este (m), oriente (m)
Österreich Austria
Österreicher(in)
austríaco (-a)

P

paar algunos (m, Mz), algunas (w, Mz)
Paar par (m)
Paket paquete (m)
Palast palacio
Panne desperfecto, avería
Papier papel (m)
Park parque (m)
parken parquear
Pass pasaporte (m)
Patient paciente (m/w)
Pause pausa, descanso
Person persona
Pflanze planta
Plan plan (m)
Platz campo
Platzkarte reservación (w)
plötzlich de repente
Politik política
Polizei policía
Post(amt)
oficina de correos
Postkarte postal (w)
Preis precio
privat privado
Problem problema (m)
Programm programa (m)
Prospekt folleto, hoja de información
pünktlich puntual

Wörterliste Deutsch – Spanisch

Q / R

Qualität calidad (w)
Radiogerät radio (w)
Rat(schlag) consejo
rauchen fumar
Raum cuarto
rechnen calcular
Rechnung factura, cuenta
Recht derecho
rechts a la derecha
reden hablar
Regen lluvia
Regenschirm paraguas (m)
registrieren registrar
reich rico
Reifen goma
reinigen limpiar
Reise viaje (m)
Reisebüro agencia de viajes
reisen viajar
reparieren reparar
reservieren reservar
Restaurant restaurante (m)
Rettungswagen
  ambulancia
richtig correcto
Richtung dirección (w)
roh crudo
Rückfahrt regreso
Rucksack salveque (m)
rückständig atrasado
rufen (an-) llamar;
  (schreien) gritar
Ruhe silencio

S

Sache cosa
sagen decir*
Salbe pomada
Salz sal (w)
sammeln recoger

Sand arena
satt lleno
Satz frase (w)
sauber limpio
sauer ácido
Schallplatte disco
scharf picante
Scheck cheque (m)
Schere tijera
schicken mandar, enviar
schießen disparar
Schiff barco
schlafen dormir*
Schlafsack bolsa de dormir
Schlafzimmer dormitorio,
  cuarto
schlagen golpear, pegar
schlecht mal
Schloss (Burg) castillo
Schlüssel llave (w)
schmackhaft sabroso
Schmerz dolor (m)
schmerzen doler*
Schmuck alhaja, joyas (Mz)
schmutzig sucio
Schnaps aguardiente (m)
schnell rápido
schon ya
schön bonito, bello
schreiben escribir
Schuh zapato
Schuhputzer
  limpiabotas (m)
schuldig culpable
Schule escuela
Schüler(in) alumno, alumna
schwanger embarazada
Schweiz Suiza
Schweizer(in) suizo, suiza
schwer pesado
Schwester hermana
schwierig difícil
schwimmen nadar

schwitzen sudar
See lago
sehen ver*, mirar
Sehenswürdigkeit
  lugar (m) de interés
Seide seda
Seife jabón (m)
Seil cuerda
sein ser*, estar*
seit desde
Seite (Buch) página;
  (Richtung) lado
Sekunde segundo
selbst mismo
selten raro
setzen, sich sentarse
sicher seguro
Silber plata
singen cantar
sitzen estar* sentado, -a
so así
sofort inmediatamente
Sohn hijo
sollen deber
Sommer verano
Sonne sol (m)
sparen economizar
spät tarde
spazierengehen pasear
Speise alimento, comida
Speisekarte carta,
  menú (m)
spielen jugar
Spielzeug juguete (m)
Sport deporte (m)
sportlich deportivo
Sprache idioma (m), lengua
sprechen hablar
Spritze jeringa, jeringuilla
Staat Estado
Staatsangehörigkeit
  nacionalidad (w)
Stadt ciudad (w)

stark fuerte
Staub polvo
stehen estar parado, -a
stehenbleiben pararse
Stein piedra
Stelle lugar (m)
stellen poner*
sterben morir(se)*
Stimme voz (w)
Stoff tela
stören molestar
Strafe pena, castigo
Strand playa
Straße calle (w)
Streichhölzer
  fósforos (Mz)
streiten pelear
Stück pieza
Student estudiante (m/w)
Stunde hora
suchen buscar
Süden sur (m)
Summe suma
Suppe sopa
süß dulce

T

Tabak tabaco
Tablette pastilla
Tag día (m)
täglich diario
Tal valle (m)
Tankstelle gasolinera
Tante tía
tanzen bailar
Tasche bolsa
Taxi taxi (m)
Telefon teléfono
telefonieren
  llamar por teléfono
Telefonzelle garita
Telegramm telegrama (m)

teuer caro
Theater teatro
tief profundo
Tier animal (m)
Tochter hija
Tod muerte (w)
Toilette sanitario
Toilettenpapier
  papel (m) higiénico
tot muerto
töten matar
Tradition tradición (w)
tragen cargar
traurig triste
treffen (begegnen)
  encontrar*
Treppe escalera
trinkbar potable
trinken tomar, beber
Trinkgeld propina
trocken seco
tschüss ¡adiós!
tun hacer
Tür puerta
Turm torre (w)

U

üben ejercer, practicar
über (örtl.) sobre
überall por todos lados
übermorgen
  pasado mañana
übersetzen traducir*
Übersetzer(in) traductor(a)
Überweisung transferencia
übrig sobrante
Uferpromenade
  malecón (m)
Uhr reloj (m)
um (zu ...) para
Umgebung alrededores
Umleitung desvío

umtauschen cambiar,
  convertir*
Umweg desvío
Umwelt medio ambiente (m)
unbekannt desconocido
und y
Unfall accidente (m)
Universität universidad (w)
unschuldig inocente
unten abajo
unter debajo de
Unterhaltung
  conversación (m)
Unterkunft alojamiento
unterrichten enseñar
Unterschied diferencia
unterschreiben firmar
Unterschrift firma
Urlaub vacaciones (w, Mz)

V

Valuta divisas (w, Mz)
Vater padre (m), papá (m)
verabreden, sich
  hacer una cita, verse*
Verabredung cita
verabschieden, sich
  despedirse*
verboten prohibido
Verbrechen crimen (m)
verdienen ganar
vergessen olvidar
vergnügen, sich
  entretenerse*, divertirse*
verirren, sich perderse*
verkaufen vender
verleihen (an) prestar (a)
verletzt lastimado, herido
Verletzung herido
verlieben, sich enamorarse
verlieren perder*
vermieten alquilar

Vermittlung operador (m)
Versicherung seguro
verspäten, sich tardarse
versprechen prometer;
 sich v. equivocarse
verstehen comprender,
 entender*
versuchen tratar
viel mucho
vielleicht tal vez, quizás
Vogel pájaro
Vogelzüchter pajarero
Volk pueblo
voll lleno
von de
vor (örtl.) delante de;
 (zeitl.) hace
vorbereiten preparar
vorgestern anteayer
vorher antes
Vormittag mañana
vorne delante
Vorname nombre (m)
vorschlagen proponer*
vorstellen imaginarse;
 (jmdm.) presentarse a alg.
Vorwahlnummer
 código regional

W

Wagen carro, coche (m)
wahr verdadero, cierto
während durante, mientras
Wald bosque (m)
Wand pared (w)
wandern marchar
wann ¿cuándo?
Ware mercancía
warm caliente
warten esperar
warum ¿por qué?
was ¿qué?

waschen lavar
Wasser agua
Watte algodón (m)
wechseln cambiar
wecken despertar*
Weg camino
wegen por
weiblich feminino
weil porque
weinen llorar
weit (entfernt) lejos
wenig poco
wenn (als) cuando;
 (falls) si
werden llegar a ser
Werkstatt taller (m)
Westen oeste (m),
 occidente (w)
Wetter tiempo
wichtig importante
wieder de nuevo, otra vez
wiederholen repetir
wieviel ¿cuánto?
Wind aire (m), viento
Winter invierno
wissen saber*
wo ¿dónde?
Woche semana
woher ¿de dónde?
wohin ¿adónde?
wohnen vivir
Wohnung habitación (w)
wollen querer*
Wort palabra
Wörterbuch diccionario
Wunde herido
wünschen desear

Z

zahlen pagar
Zahnarzt dentista (m)

Zahnpasta pasta dental
zeigen mostrar*
Zeit tiempo
Zeitung periódico
Zelt tienda de campaña
Zentrum centro
Zigarette cigarillo
Zimmer cuarto
Zoll aduana
zu (viel) demasiado
Zucker azúcar (m)
Zuckerrohr caña de azúcar
Zuckerrohrernte zafra
zufrieden contento
Zug tren (m)
zurück por atrás
zusammen junto
zwischen entre
Zwiebel cebolla

A

a nach (Richtung)
abajo unten
abierto offen
abrir öffnen
abuela Großmutter
abuelo Großvater
aburrido langweilig
accidente (m) Unfall
aceite (m) Öl
ácido sauer
acompañar begleiten
acostado: estar* a. liegen
acostumbrarse
  sich gewöhnen
acuerdo: ¡de a.! ja,
  einverstanden
adentro de in (örtlich)
¡adiós! tschüss
administración (w)
  Behörde
¿adónde? wohin
aduana Zoll
aeropuerto Flughafen
agencia de viajes Reisebüro
agricultor (m) Bauer
agua Wasser
ahora jetzt
aire (m) Luft, Wind
alcohol (m) Alkohol
aldea Dorf
alegrarse sich freuen
alegre lustig, fröhlich
alemán / alemana
  Deutscher / Deutsche)
Alemania Deutschland
algo etwas
algodón (m) Baumwolle
alguien jemand
algunos, -as einige, ein paar
alimentos (Mz) Lebensmittel
allá da, dort

almorzar* zu Mittag essen
almuerzo Mittagessen
alojamiento Unterkunft
alquilar (ver)mieten
alrededores (m Mz)
  Gegend
alto hoch, groß (gewachsen)
alumno Schüler
ama de casa Hausfrau
amable freundlich
amar lieben
amigo Freund
amistad (w) Freundschaft
ancho breit
andar gehen
anfitrión (m) Gastgeber
angosto eng
animal (m) Tier
anteayer vorgestern
anteojos (Mz) Brille
antes bevor
anual jährlich
año Jahr
apellido Familienname
aprender lernen
apurarse sich beeilen
aquel, -lla diese (-r, -s) dort
aquí hier
arena Sand
arribar ankommen
artesanías (Mz)
  kunstgewerbliche Waren
así so
atender* behandeln,
  bedienen
atrás: por a. zurück
atrasado rückständig
aún noch
Austria Österreich
austríaco Österreicher
avión (m) Flugzeug
avisar benachrichtigen
aviso Auskunft

ayudar helfen

B

bajar aussteigen
bajo niedrig, klein (gewachsen)
banco Bank (Geld)
bañarse baden
barato billig
barco Schiff
batería Batterie
bebida Getränk
bello schön
besar küssen
bicicleta Fahrrad
boda Hochzeit
bodega Laden
boleto Fahrkarte
bolsa Tasche;
  b. de dormir Schlafsack
bonito schön, hübsch
borracho betrunken
bosque (m) Wald
bote (m) Boot
botella Flasche
bueno gut
burlarse (de)
  sich lustig machen (über)
buscar suchen

C

cada jede (-r, -s);
  c. uno jeder;
  c. vez jedes Mal
caja Kasse
calcular rechnen
calidad (w) Qualität
caliente heiß, warm
calle (w) Straße
callejón (m) Gasse
cama Bett
cambiar umtauschen

caminar gehen
camino Weg
campesino Bauer
campo Platz
cancelar bezahlen
canción (m) Lied
cansado müde
cantidad (w) Menge
cantina Kneipe
caña de azúcar Zuckerrohr
cañada Bach
cargar tragen
cariñoso herzlich
caro teuer
carro Wagen, Auto
carta Brief
casa Haus
casco viejo Altstadt
caset(e) (m) Kassette
castigar bestrafen
castigo Strafe
castillo Schloss, Burg
cementerio Friedhof
cena Abendessen
cenar essen
central (w) **de azúcar** Zuckerfabrik
centro Zentrum
cerca nah
cerveza Bier
chaveta breites Tabakmesser
cheque Scheck
chica Mädchen
chivato Denunziant
chófer (m) Chauffeur
cierto wahr, gewiss
cine (m) Kino
círculo infantil Kindergarten
cita Verabredung
ciudad (w) Stadt
ciudadano Bürger
claro hell
cocinar kochen

código regional Vorwahlnummer
cofre (m) Koffer
coger nehmen
colegio Schule
colero bezahlter Schlangesteher
color (m) Farbe;
  de colores bunt
comenzar* anfangen
comer essen
comida Speise
como wie
cómodo gemütlich
compañero Genosse
completo: por c. alles
complicado kompliziert
comprar kaufen
comprender verstehen
con mit, bei
concierto Konzert
condimento Gewürz
condón (m) Kondom
conductor (m) Fahrer
conmemoración (w) Gedenken
conmemorar denken an, gedenken
conocer* kennen
conocido berühmt
construir bauen
consulado Konsulat
contén (m) Bordsteinkante
contestación (w) Antwort
contestar antworten
contra gegen
controlar kontrollieren
conversación (w) Gespräch
convertir* umtauschen
coquetear flirten
correcto richtig
cortar abschneiden, beenden
corto klein, kurz

cosa Sache, Ding
costar* kosten (Preis)
creer* glauben
crema medicinal Salbe
crimen (m) Verbrechen
cuadro Bild
cuando wenn, als (zeitl.)
cuarto Zimmer, Raum
cubrecama Bettzeug
cuchara Löffel
cuerda Seil
culebra Schlange
culpable schuldig
cumpleaños (m) Geburtstag
curar heilen, behandeln
curioso neugierig

dar* geben
de aus
debajo de unter
deber sollen, müssen
decir* sagen
dedo Finger
delante vorne;
  d. de vor (örtl.)
delator (m) Denunziant
delgado dünn
demasiado zu (sehr), zu viel
demora Aufenthalt
dentista (m/w) Zahnarzt
derecha: a la d. rechts
derecho Recht
desayunar frühstücken
desayuno Frühstück
descansa Pause
descansar sich erholen, ausruhen
descompuesto faul (Obst)
desconocido unbekannt
desde seit
desear wünschen

desnudo nackt
despacio langsam
despedirse*
  sich verabschieden
despertar* wecken;
  despertarse* aufwachen
después danach;
  d. de nach (Zeit)
desvío Umleitung, Umweg
detrás hinten;
  d. de hinter
dialecto Dialekt
diario täglich
diccionario Wörterbuch
difícil schwierig
dinero Geld
Dios (m) Gott
dirección (w) Richtung,
  Adresse
disco Schallplatte
divertirse* sich vergnügen
documento Dokument
doler* schmerzen
dolor (m) Schmerz
dormir* schlafen
dormitorio Schlafzimmer
dueño Besitzer
dulce süß
duro hart
duros (Mz) Geld

E

economizar sparen
edad (w) (Lebens-)Alter
edificio Gebäude
ejemplo Beispiel
ejercer üben
embajada Botschaft (dipl.)
embarazada schwanger
empleada, -o Angestellte(r)
en in (zeitlich, örtl.)
enamorarse sich verlieben

encaminar geleiten, begleiten
encontrar* treffen, begegnen
enfermedad (w) Krankheit
enfermo krank
engañar betrügen
enseñar unterrichten, lehren
entender* verstehen
entonces dann
entrada Eingang
entrar eintreten, einsteigen
entre zwischen
entregar (über)geben
entretenerse*
  sich vergnügen
enviar schicken, senden
equipaje (m) Gepäck
error (m) Fehler
escalera Treppe
escuchar hören
escuela Schule
esperar hoffen, warten
esposa Ehefrau
estación (w) **del ferrocarril**
  Bahnhof
estancia Aufenthalt
estar* sein
este Osten
estudiante (m/w)
  Student(in)
evento Ereignis
exacto genau
excusarse sich entschuldigen
exportación (w) Ausfuhr
exposición (w) Ausstellung
exterior (m) Ausland
extranjero Ausländer;
  ausländisch, fremd

F

factura Rechnung
falla Fehler
falso falsch

familia Familie
farmacia Apotheke
fecha Datum
felicitar gratulieren
feliz glücklich
feminino weiblich
fiebre (w) Fieber
fiesta Fest
finalizar aufhören, beenden
firma Unterschrift
firmar unterschreiben
firme fest
flaco dünn
formulario Formular
fósforos (Mz) Streichhölzer
foto (w) Fotografie
frase (w) Satz
fresco frisch, kühl
frío kalt
frontera Grenze
fruta Frucht, Obst
fuego Feuer
fuerte stark
fumar rauchen

G

garita Telefonzelle
gas (m) Gas
gasolina Benzin
gasolinera Tankstelle
gato Katze
gente (w) Leute
grabadora Kassettenrecorder
gracias danke
gramo Gramm
gratuito kostenlos
gripe (w) Grippe
gritar rufen, schreien
guagua Bus
guarapo Zuckerrohrsaft
guiada Führung
gustar gefallen

gusto: con mucho g. gern

H

habitación (w) Wohnung
habitante (m/w)
  Einwohner(in)
hablar sprechen, reden
hace vor (zeitl.)
hacer* tun
hambre (w) Hunger
hasta bis
helado Speiseeis; eiskalt
herido Verletzung
hermana Schwester
hermano Bruder
hielo Eis (Wasser)
higiene (w) Hygiene
hija Tochter
hijo Sohn
hilo Faden
historia Geschichte
hoja Blatt
hombre (m) Mann, Mensch
hondo tief
hora Stunde
horario Fahrplan
hospital (m) Krankenhaus
hospitalidad (w)
  Gastfreundschaft
hoy heute
huésped (m) Gast
huevo Ei
húmedo feucht

I

idioma (m) Sprache
iglesia Kirche
importación (w) Einfuhr
incendio Brand, Feuer
información (w)
  Auskunft, Information

informante (m)
  Denunziant
informar benachrichtigen;
  informarse sich informieren
inglés englisch
iniciar anfangen
inyectar impfen
insecto Insekt
interesarse (por)
  sich interessieren (für)
internacional international
invierno Winter
invitación (w) Einladung
invitar einladen
ir* gehen;
  irse* abreisen
isla Insel
izquierda: a la i. links

J

jabón (m) Seife
jamás niemals
jardín (m) Garten
jefe (m) Chef
jeringa, jeringuilla Spritze
journalista (m/w)
  Journalist(in)
joven jung, Jugendlicher
jugar spielen
juguete (m) Spielzeug
junto zusammen

L

labor (m) Geschäft, Arbeit
lado Seite (Richtung);
  al l. de neben
lámpara Lampe
lancha (Motor-)Boot
lapicero Kugelschreiber
lápiz (m) Bleistift
largo lang, lange (Zeit)

lastimado verletzt
lavar waschen
lecho Bett
leer lesen
lejos weit, fern
lengua Sprache
lenguaje (m) Mundart
lento langsam
letra Buchstabe
levantar heben
ley (w) Gesetz
libre frei
libro Buch
limpio sauber
limpiar reinigen
listo fertig
llave (w) Schlüssel
llegada Ankunft
llegar ankommen;
  ll. a ser werden
lleno satt, voll
llorar weinen
lluvia Regen
lugar (m) Ort, Stelle
  l. de interés
  Sehenswürdigkeit

M

machete (m) Machete
madera Holz
maestro (-a) Lehrer (-in)
mal schlecht
malecón (m) Uferpromenade
maleta Koffer
mamá (w) Mutter
mandar schicken, senden;
  m. a traer bestellen
manta (Bett-)Decke
mañana morgen;
  Morgen, Vormittag
mapa (m) (Land-)Karte
mar (m) Meer

marchar wandern
marido Ehemann
más mehr;
  m. o menos ungefähr
matar töten
medicina Medikament
médico Arzt
medida: a la m.
  passend (Kleidung)
medio: en m. de inmitten
mentir* lügen
menú (m) Speisekarte
mercancía Ware
mes (m) Monat
miedo Angst
mientras während
minuto Minute
mirar sehen
mitad (w) Hälfte
moda Mode
mogote (m) Kalksteinhügel
mojado feucht, nass
molestar stören
montaña Berg, Gebirge
monte (m) Berg, Urwald
monumento Denkmal
morir(se)* sterben
moto (w) Motorrad
mucho viel
muerte (w) Tod
muerto tot
museo Museum
música Musik

nacionalidad (w)
  Staatsangehörigkeit
nadar schwimmen
nadie niemand
natural natürlich
necesitar brauchen
negociar feilschen

negocio Geschäft, Laden
nieto (-a) Enkel (-in)
no nicht
noche (w) Nacht
nombre (m) (Vor-)Name
normal normal
norte (m) Norden
noticia Nachricht
nuevo neu;
  de n. wieder
número Nummer
nunca niemals

o oder
occidente (m)**; oeste** (m)
  Westen
ofender beleidigen
oficina de correos Post(amt)
oir* hören
olvidar vergessen
operador (m) Vermittlung
opinión (w) Meinung
ordenar bestellen
organizar organisieren
órgano Organ
oriente (m) Osten
oro Gold
otoño Herbst
otro andere (-r, -s)

pachanga Fete, Party
paciente (m/w) Patient(in)
padre (m) Vater;
  padres (Mz) Eltern
pagar (be)zahlen
país (m) Land
paisaje (m) Landschaft
pájaro Vogel
pajarero Vogelzüchter

palabra Wort
palacio Palast
pan (m) Brot
papá (m) Vater
papel (m) Papier
paquete (m) Paket
par (m) Paar
para für, um zu
parada Haltestelle
parado: estar* p. stehen
parar(se) anhalten;
  stehenbleiben
parecer* scheinen, gefallen
pared (w) Wand
pareja Ehepaar
parque (m) Park
partir abreisen
pasado mañana übermorgen
pasaje (m) Beförderung,
  Fahrpreis
pasaporte (m) Reisepass
pasar vorbeigehen,
  durchreisen
pasear spazierengehen
pasta dental Zahnpasta
pastilla Tablette
pasto Gras
pausa Pause
pavor (m) Angst
pecho Brust
pedir* bestellen, bitten
pegar schlagen
pelear streiten
película Film
peligroso gefährlich
pena Strafe
pequeño klein
perder* verlieren;
  perderse* sich verirren
perezoso faul
periódico Zeitung
permiso Erlaubnis
permitir erlauben

pero aber
pez (m) Fisch
picante scharf
pie (m) Fuß;
 a p. zu Fuß
piedra Stein
pintar malen
plan (m) Plan
planta Pflanze
plata Silber
pobre arm
poder dürfen
policía Polizei
política Politik
poner* legen, stellen
poquito bisschen
por wegen, durch, für ;
 p. eso, p. lo tanto deshalb;
 ¿p. qué? warum
posible möglich
posición (w) Lage (geogr.)
precio Preis
pregunta Frage
preguntar fragen
preparar vorbereiten
presentar(se a)
 sich jmdm. vorstellen
prestar: p. a verleihen an;
 p. de sich leihen von
primavera Frühling
principiar anfangen
privado privat
problema (m) Problem
profesión (w) Beruf
programa (m) Programm
prohibido verboten
pronto bald
pronunciación (w)
 Aussprache
propiedad (w) Eigentum
propina Trinkgeld
proponer* vorschlagen
prueba Beweis

pueblo Dorf, Volk
puente (m) Brücke
puerto Hafen
puntual pünktlich
pus (m) Eiter

Q

¿qué? was, was für ein(e)
que dass; als (Vergleich)
quedarse bleiben
quejarse sich beschweren
quemar brennen
querer* lieben, wollen
¿quién? wer
quizás vielleicht

R

radio (w) Radiogerät
rápido schnell
raro selten
rebaja Ermäßigung, Rabatt
recibir erhalten, empfangen
recoger sammeln
recomendar* empfehlen
recordarse* sich erinnern
recto geradeaus
recuerdo Andenken
refrigerador (m) Kühlschrank
regalo Geschenk
registrar registrieren
regreso Rückfahrt
reírse (de) lachen (über)
reloj (m) Uhr
remedio Medikament
remolcar abschleppen
reparar reparieren
repetir* wiederholen
repuesto Ersatzteil
reservación (w) Reservierung
respuesta Antwort

restaurante (m)
 Gaststätte, Restaurant
riachuelo Bach
rico reich
río Fluss
robo Diebstahl, Einbruch
ropa Kleidung
roto kaputt

S

saber* wissen
sabio klug
sal (w) Salz
salario Lohn, Gehalt
salida Ausgang
salir* ausgehen, weggehen,
 abreisen
salud (w) Gesundheit;
 de buena s. gesund
saludar grüßen
salveque (m) Rucksack
sanitario Toilette
sano gesund
seco trocken
sed (w) Durst
seda Seide
segundo Sekunde
seguro sicher; Versicherung
sello Briefmarke
semana Woche
sentado: estar* s. sitzen
sentarse sich setzen
sentimiento Gefühl
señorita Fräulein, Mädchen
ser* sein
si wenn, falls; ob
sí ja
silencio Ruhe, Stille
simple einfach
sobre (m) Briefumschlag
sobre über (örtl.)
sociedad (w) Gesellschaft

sol (m) Sonne
solamente, sólo nur, erst
solar Wohnblock
solo allein
sopa Suppe
sostener* halten
sucio schmutzig
sudar schwitzen
suficiente genug
súplica Bitte
sur (m) Süden

T

tabaco Tabak
tabaquero
   Arbeiter in einer Tabakfabrik
taller (m) Autowerkstatt
tamaño Größe (Kleidung u. ä.)
también auch
tampoco auch nicht
tardarse sich verspäten
tarde (w) Abend
tarjeta Karte, Ausweis
taxi (m) Taxi
teatro Theater
techo Dach
teléfono Telefon
telegrama (m) Telegramm
televisor (m) Fernsehgerät
temer sich fürchten (vor)
temor (m) Angst
tener* haben, besitzen;
   t. frío frieren;
   t. la fiesta feiern;
   t. la gripe erkältet sein;
   t. que müssen;
terminar beenden, aufhören
terraplén (m) Feldweg
terreno Feld
tía Tante
tiempo Zeit, Wetter

tienda Laden;
   t. de campaña Zelt
tierno frisch (Obst)
tierra Erde
tijera Schere
timbre (m) Briefmarke
tinaja Tonkrug
tío Onkel
todavía noch
todo ganz
tomar nehmen, trinken;
   t. una foto fotografieren
tonto dumm
tormenta Gewitter
torre (w) Turm
trabajador(a) Arbeiter(in);
   fleißig
tradición (w) Tradition
traducir* übersetzen
traductor(a) Übersetzer(in)
traje (m) **de baño**
   Badeanzug, Badehose
transferencia Überweisung
trapiche Zuckerrohrmühle
tratar versuchen
través: a t. durch (hindurch)
tren (m) Zug

U

universidad (w) Universität
urgente dringend
usar gebrauchen

V

vacaciones (w Mz)
   Urlaub, Ferien
vacío leer
vacunar impfen
valer* wert sein, kosten (Preis)
válido gültig
valle (m) Tal

vasija Gefäß
vaso (Trink-)Glas
venda Binde
veneno Gift
venenoso giftig
venir* kommen
ver* sehen
verdadero echt, wahr
verdes (m Mz) Dollar
verdura Gemüse
vestimenta Kleidung
vez (ein) Mal;
   de v. en cuando, a veces
   manchmal;
   muchas veces oft;
   otra v. noch einmal
viajar reisen
viaje (m) Reise
vida Leben
vidrio Glas (Material)
viejo alt
viento Wind
vino Wein
visitar besuchen, besichtigen
vivir leben
volar* fliegen
voz (w) Stimme;
   con v. alta laut

Y / Z

y und
ya schon;
   y. no nicht mehr
yate (m) Motorboot
yo ich
zapato Schuh

Begleitender Titel
zu diesem **Sprachführer**

AusspracheTrainer
Spanisch für Cuba

Alfredo L. Hernández

Ca. 60 Min. Laufzeit
Die wichtigsten spanischen Vokabeln
und Floskeln aus dem cubanischen Reisealltag.
Muttersprachler sprechen vor, mit Nachsprech-
pausen und Kontrollwiederholungen.

Auf Audio-CD: ISBN 978-3-95852-377-7 **€ 7,90 [D]**
Als mp3-Download: ISBN 978-3-95852-127-8 **€ 5,99 [D]**

www.reise-know-how.de

Weitere Titel für Cuba von REISE KNOW-HOW

Reiseführer Cuba
Frank-Peter Herbst

978-3-8317-2743-8

528 Seiten

22,50 Euro [D]

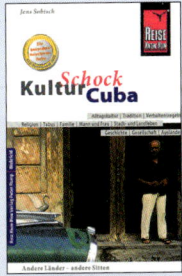

KulturSchock Cuba
Jens Sobisch

978-3-8317-1270-0

300 Seiten

14,90 Euro [D]

**Landkarte Cuba
mit Havanna**

1:650.000 / 1:50.000

978-3-8317-7312-1

9,95 Euro [D]

Reiseführer Cuba: Alle reisepraktischen Informationen von A bis Z

KulturSchock Cuba: Geschichtliche, religiöse und soziale Hintergründe, Traditionen & Verhaltensregeln, Empfehlungen für den Reisealltag in Cuba

Landkarte Cuba: 100% wasserfest, praktisch unzerreißbar, beschreibbar wie Papier, GPS-tauglich

www.reise-know-how.de

Der Autor

Alfredo L. Hernández, geboren 1957 in Matanzas (ca. 100 km von Havanna entfernt), wuchs in Havanna auf. Er war einer der ersten, die auf Cuba eine zweijährige Ausbildung im Tourismussektor absolvierten. Danach arbeitete er als Entertainer, Fremdenführer und im Bereich Public Relations.

Seine Liebe gilt der Musik. Er war Musiker in verschiedenen Salsa- und Rockformationen, spielt aber auch klassische Musik.

Alfredo bedankt sich sehr herzlich bei seinem Co-Autor Dietrich Franke für dessen Mitarbeit.